锁定高端客户

宾卿池（C宾）◎著

团结出版社
UNITY PRESS

推荐序

硅谷创投教父彼得·蒂尔（Peter Thiel）曾在他的《从0到1：开启商业与未来的秘密》中提出过这样一个问题：

"在什么重要的问题上，你与其他人有不同看法？"

这就是创业的顶级心法。能回答这个问题，就同时解决了如何发现市场、避免竞争、形成垄断的难题。

在和C宾共同创业的6年里，我们从未停止对这个问题的探索，而幸运的是，我们找到了问题的答案：锁定高端客户。

绝大多数创业者都在做低端市场，因为觉得服务大众的难度低，能购买的人越多，赚到的钱也应该越多。

事实上，越是大众市场，门槛就越低。而进入市场的人越多，竞争也就越大，到最后都是打价格战，赚钱会非常辛苦。

高端市场则截然相反。越是高端市场，门槛就越高，竞争也就越小。高端客户往往不会太在意价格，而更在意结果和服务质量。因此，锁定高端客户可以让企业获得更高的客单价，以及更大的利润空间。

这些年，我们之所以能把客单价从300元做到3000、3万甚至100万，在细分市场做到头部企业，就是因为践行了锁定高端的战略。

在《锁定高端客户》这本书中，C宾揭秘了我们的咨询公司是如何帮助客户锁定高端、提高客单价，从而让企业获得大幅业绩提升的。

这本书包含的不仅是他多年的商业经验和独到见解，更是一套完整的方法论和体系，以及经4000余家企业检验有效的落地指南。

通过阅读这本书，你将会更深入地了解商业世界，更准确地认识大多数人未曾接触过的市场和客户，更好地把握商机和发展机会。本书会给你带来全新的商业思路和经营方向，帮助你在商业领域获得更大的成功。

泽宇

大咖推荐

想赚钱一定要读这本书。

C宾教你的是：在不改变付出程度的情况下多赚10倍的钱。

做1000万的生意和做100万的生意所付出的精力是差不多的，价格是由人群而非价值决定的。

书中金句无数，做商业咨询的我，一边看一边感叹：我太晚读到这本书了！

胡超

抖音百万大V《人人都是销售高手》作者

一拿到这本书，就迫不及待地想把这本书看完，我愿称这本书为"创业红宝书"。

以前我是一个办公室白领、光鲜投资人，我自己开始创业以后，发现创业有很多不足为外人道的创业法则。如果你的爸爸妈妈是生意人，他们会口口相传告诉你这些道理。但如果你的爸爸妈妈不是生意人的话，你可能这辈子都接触不到这些理论。

很多创业小白会觉得一年挣100万特别难，但是如果把挣100万等同于每天赚2740元，把2740元拆解成单价为199元的课程，一天卖14份呢？如果你把卖14份课程的钱等同于你的直播间要有200个精准的场观，再算上7%的转化率呢？

我想告诉你的是，创业没有你想象的那么难，前提是你要懂得财富是如何被创造出来的。

人生的胜利是框架的胜利，你有了一个赚100万的框架，你就会挣到100万，这本书给你的就是100万入门的框架。

陈晶

清华大学法律硕士 前蓝象资本投资副总裁

C宾是我很欣赏的一个年轻人，在他这个年纪，我没有做出他这样的成绩。通过数次的交流，我发现他确实已经悟出了很多关于流量和生意的精髓。这本书我已提前看过，内容精简，立足实践。不

管是刚走出校门的学生，还是已经有了一份生意的老板，相信都能从中有所收获，有所启发。

蔡垒磊

百万畅销书作家

同样是创业，高客单价产品一单的利润，低客单价产品需要十多单的销量才能达到，但需要的人员成本和工作量却差不多。在时间和精力有限的情况下，如何定位出一个好的产品，到底是服务大众，还是服务高端呢？困扰所有创业者的问题，在这本书里都能找到答案。这本书讲的奢侈品思维真的会给你打开一扇新世界的大门。

休斯

《爆款内容方法论》作者　短视频定位老师

任何一个行业都可以用做奢侈品的思维重做一遍，这本书不仅会教你怎么挣钱，更会教你怎么把自己变得更值钱。

陈灏

抖音百万粉丝　企业家 IP 操盘手

在7个月的时间里，C宾帮助我把利润从0做到了100万。每次跟他聊完我都感觉豁然开朗，紧接着是"大彻大悟"，听话照做后，奇迹般地拿到结果且完美"避坑"。我非常认真地看完了这本书，忍不住惊叹：太有价值了！C宾把打造高客单产品的秘籍毫无保留地分享了出来，羡慕能看到这本书的每一个人。

刘津

世界500强企业高管

乐道商学苑 | 天赋创富系统创始人

畅销书《破茧成蝶》作者　北大博雅心理学客座教授

创业者认知成长路径相似，本书写得真实，多有同感。越是实力弱小，越该做有钱人的生意。

林雨

爆款课程《造课方法论》

序 言

这些年，在和很多创业者、企业家、个人IP沟通的过程中，我发现很多人的商业思维还停留在几年前。随着AI时代的来临，超级个体的崛起，流量入口、转化漏斗、商业模式、团队的组织架构，都发生了巨大改变。你之所以会迷茫，总感觉有卡点，拼尽全力却无法破局，是因为一直拿着旧地图，这怎么可能找到新大陆？

关于这本书，我的分享原则有以下三点。

第一，不吹牛，不美化事实

每个成功的创业者都会有幸存者偏差的错觉，容易美化自己的成长路径，最终导致对成功的总结因果错乱，自以为的宝贵经验，可能毫无可复制性。所以我向你保证，我决不会吹牛，更不会为了自我造神而夸大其词，我知道自己的天花板和边界在哪儿，知道哪些是时代给的运气，哪些是自己的努力。

第二，经得住时间考验，多年后仍然有效

很多人会拆解名人名企的商业案例，虚构故事情节，这样的内

容，我觉得毫无意义，因为不站在第一视角，根本无法还原真实原貌。这本书，我希望留给我的家族子孙来学习并流传下去，所以我不会讲那些转瞬即逝的风口，而是把自己27岁实现财富自由，从0到年营收8位数踩过的坑，真金白银花了几百万的学费，以及那些血与泪的教训，提炼成10年后乃至100年后仍然有效的商业底层逻辑和财富密码。

第三，合法合规，道德善良

一把刀，既可以是米其林大厨制作佳肴的工具，也可以是罪犯作案的利器。接下来分享的内容劲爆，我希望你可以正心正念，不要去做违法违规的事情。因为商业的战术可以决定你飞得有多快，但商业的道德会决定你飞得有多远。想要持续拥有满足感和成就感，在世界上留下一些属于你的痕迹，一定要知道自己的社会责任和社会价值是什么，GIVE BACK（回归）才是每个创业者的终极使命。

我的创业故事
从一单199元，到一单100万元

请允许我先做下简单的自我介绍，秀下"肌肉"，方便你了解实战派和口嗨派最大的区别。当然，如果你对我的创业故事已经非常了解，可以直接跳到第一章"奢侈品战略的底层逻辑"。

第一阶段

帮助留学生解决社交恐惧，每天认识一个新朋友，收费199元

从小我就明白一个道理：想要赚大钱，必须自己当老板。

于是，在2019年，我留学美国的第6年，我和现在的合伙人泽宇，一起推开了母校波士顿大学商学院院长的办公室，简单寒暄后，就直入主题：

"Dean Freeman，how can we start our own business?"

（院长，怎么当老板，赚大钱？）

具体的谈话内容，我已经记不太清楚了，但院长的三个问题，让当时的我醍醐灌顶，也成为之后我们做商业咨询的基石。每当有

锁定高端客户

人问我该如何从0到1创业的时候，我都会用当年Freeman院长的点拨
之语去反问他：

What problems can you solve?

（你能解决什么问题？）

Who can benefit from it?

（谁会因为你解决的问题而受益？）

Why are you the best candidate?

（为什么你是最佳人选？）

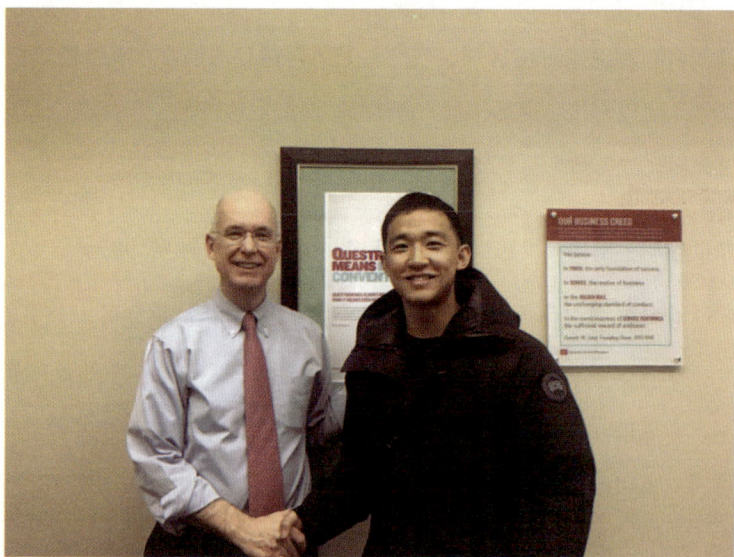

与波士顿大学商学院院长 Freeman 合影

　　经过一天一夜在宿舍的头脑风暴，我和泽宇决定做一套199元
的社交课，帮助中国留学生解决社交恐惧的问题。相比其他创业者，

我们当时最大的优势是自己本身就是留学生，接受过中国的传统教育。因为初中就到美国读书了，相比其他到本科、研究生时期才出国的留学生，我们特别能理解中美文化之间的差异。我们也亲身经历过看着每年几十万的学费账单而心生歉意，觉得自己不应该只和中国同学打成一片，更应该尝试融入当地的社交圈子，但在尝试和美国同学搭话时，经常大脑空白，最后尴尬离场……

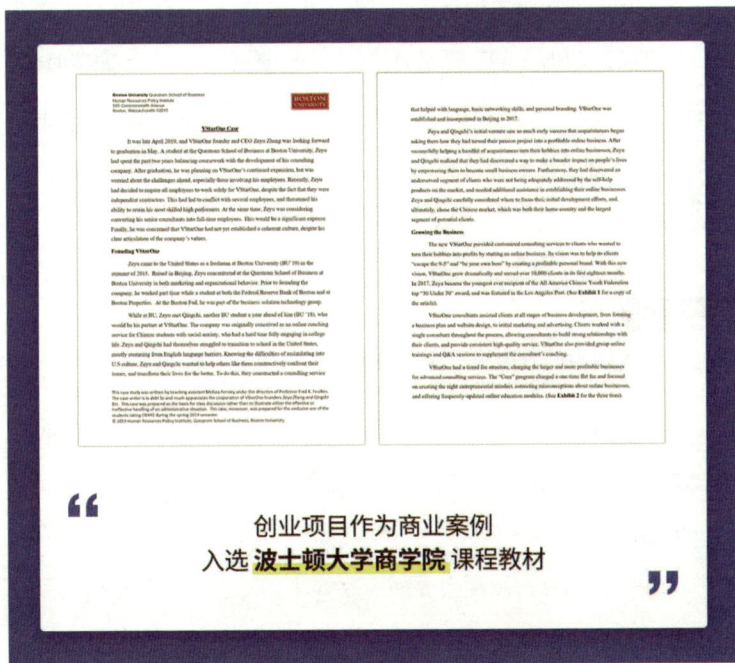

> 创业项目作为商业案例
> 入选 **波士顿大学商学院** 课程教材

也正是因为课程精准切中了留学生人群的需求和痛点，课程推出不到3个月，就有了2000多个付费客户。我们因此在学校里成了"小名人"。同时，最让我们骄傲的是，两个中国人，在创业的第一年，就被母校波士顿大学收录进了经典商业案例，走进了美国名校的教材里。所以未来如果你或者你的孩子有机会去波士顿大学读商科的话，没准儿会看到我们的创业故事哦。

赚到第一桶金之后，因为付费客户大多是学生，对于他们来说，199元可能都是一周的生活费了，我们的创业项目很快就遇到了新的瓶颈……

创业第一阶段最大的感悟："敢"比"会"更重要，永远不会有百分百准备好的那一刻，更没有"等我……我就……"的完美时机。面子，是创业早期最不值钱的东西。千万不要给自己扣上完美主义的帽子，因为创业本身就是一次跳下悬崖，一边造飞机、一边开飞机的过程。

第二阶段

帮助职场人摆脱朝九晚五，全球旅游办公，收费9800元

男孩子的快乐，往往简单粗暴，我和泽宇也不例外。作为两个赚到第一桶金的大学生，我们第一时间就去提了一辆跑车——红色的科尔维特。

炫富，真的是最简单粗暴的流量密码。买完车后，我们不仅在北美圈子里有了一些名声，2020年，我们还评选上了"AACYF Top 30 under 30"（全美华人30位30岁以下创业精英）。由此，我们开始接触到社会上的一些精英，有的是摩根大通的投行分析师，有的是麦肯锡的资深咨询师，还有一些是知名的天使投资人……

泽宇买下**人生第一辆跑车**

有意思的是，虽然他们都是社会上有头有脸的人物，但交谈中他们都对我们的线上创业很感兴趣，特别好奇两个十九二十岁的大学生，凭什么可以通过在互联网上卖课，赚到能和他们在世界顶级名企打工的薪资相媲美的钱？

抱着交朋友的心态，我们开始分享我们做个人品牌的经验与打法。

没想到，有一位喜欢健身的朋友在听完我们的分享后，也开发了一套自己的线上《21天腹肌&马甲线训练营》，定价199元，首推就卖了小5万块。为了向我们表达感谢，他转给我们500美金的感谢红包。在震惊效果的同时，我们也意识到：教有专业技能的人做线上的知识付费才是更大的商机。

在美国知识付费市场上为几乎所有老师的课程付过费后，我们打造出了一个现象级的爆款口号：摆脱朝九晚五，全球旅游办公。直接从职场人最理想的生活方式切入，把我们的课程和"自由的生活方式"画等号。我们的业务也从教大学生摆脱社交恐惧转型到帮助职场人做线上副业，课程单价也从199元的"社交课"、2980元的"导师计划"，涨到了9800元的"聚星会"。创业的第三年，我们登上美国的主流媒体，并被《福布斯》创业专栏报道。

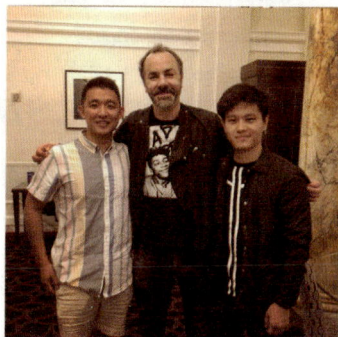

> 泽宇与C宾在美国纽约
> 与福布斯专栏撰稿人Michael Schein学习交流

> 被 **美国福布斯** 的领袖战略专栏报道
> 如何判断一门在线课程是否有价值(还是单纯浪费钱)

创业第二阶段最大的感悟：创业一定要懂得"抄作业"，你所在的行业里一定有比你优秀的同行，有时候你自己琢磨半天想不明白的问题，踩了无数"坑"才顿悟出来的道理，就是别人的基本功。不要有道德洁癖，这个世界上绝对的创新很少，都是旧元素的新组合，都是站在前人或同行的肩膀上做"微创新"。

第三阶段

帮助超级个体、个体老板做定制化的操盘服务，收费12.8万元

随着我们在行业内的名气越来越大，服务的客户越来越多，我们发现有一类高端客户，虽然付费的时候非常果断，但在买完课后，像泄了气的气球，迟迟没有行动，过一阵就销声匿迹了。

在一次坦诚的沟通后，我才发现，他们并不是懒，也不是执行力差，更不是人傻钱多，而是因为他们都是老板，时间才是他们最宝贵的资产，所以他们真的无法花十几个小时去听课学习。相比什么事都要自己做，他们更愿意花钱买时间，花钱直接找人来解决问题，他们的需求特别简单——花钱买结果。

随着市场上的9.9元、199元的低价课越来越多，服务行业越来越卷，我们开始理解：知识本身不值钱，服务才值钱；服务本身不值钱，拿到可量化的结果才值钱。

我们的产品也从9800元的课程，升级到了12.8万元的"奢侈品全案"定制化落地服务，虽然价格提升了10倍，但销量却越来越好。因为我们真正理解了高端客户的需求，理解了如何为我们的产品"画等号"。

创业者只需要支付一个助理的年薪，就可以获得更大的价值。奢侈品全案=战略外脑（商业模式顶层设计）+产品总监（产品设计、标准化线上交付SOP）+营销总监（产品卖点提炼、销售流程、话术SOP）。

随着客户好评越来越多，我们帮助了上百个不同的IP成为各自领域的奢侈品牌（案例全部真实，关注"泽宇咨询"公众号，可以

搜索相关案例），这也让我们的公司获得了《胡润百富》颁发的"个人品牌教育机构最佳表现奖"。

创业第三阶段最大的感悟：客户是分层的，做小生意和做大生意所花的时间是一样的，对客户人群的选择至关重要。一定要记住，影响你的客单价、营收最重要的因素往往不是你提供的价值，而是付费客户的付费能力。花同样的时间帮助一个客户，一个大学生愿意付200元（一周的生活费），一个职场人能付9800元（一个月的薪水），一个老板可以轻松支付12.8万元（一个助理的年薪）。

第四阶段

搬到深圳湾一号，做品牌的战略股东，每年项目分润50万—100万元

很多人说，创业的尽头是投资，我们也不例外。而且我们还拥有每个投资人梦寐以求的获取真实信息的能力。

通过奢侈品全案的定制服务，我们吸引了大量的优质IP为我们付费，平日高频的沟通与相处，不仅让我们对对方的营收一清二楚，更对对方的性格与特质知根知底：他是否有野心？对事业和金钱是否有极强的欲望？他的执行力是否稳定在线，是时好时坏，还是经常有心理卡点？他是懂得感恩，还是觉得服务和帮助都是理所应当的？

了解了这些真实信息后，我们便可以更精准地判断该与谁为伍，因为投资的终极核心还是选人，人选对了，事很容易做成；人选不对，正确的事也会做黄。

锁定高端客户

从收取单次的咨询费，到个人IP落地建立自己的组织架构+变现系统，我们实现了就算老板不工作，营收也非常可观的愿景。我们享受到了优质品牌成长所带来的红利，商业模式也完成了又一次升级。

创业第四阶段最大的感悟：创业者不同时期需要完成多个身份的转换，早期拼的是执行力，中期拼的是组织管理能力，后期拼的是商业模式的上限。每个优质客户背后都有巨大的终身价值，要在他还处于"婴儿期"的时候就深度绑定，而不是在已经长成参天大树的时候，才想着合作共赢。

目录

1 CHAPTER

奢侈品战略的底层逻辑

2 CHAPTER

奢侈品战略的交付与产品设计

3 CHAPTER

高端客户的销售成交

4 CHAPTER

高端客户的流量获取

5 CHAPTER

从百万到千万的几个阶段

6 CHAPTER

千万 IP 和你想的不一样

7 CHAPTER

行业案例汇集

01

奢侈品战略的
底层逻辑

商业世界的终局

商业战场里，最终会剩下两类赢家。

第一类

靠极致的性价比，做普罗大众的生意

想要成为这类赢家，你需要具备很强的资源、技术、渠道、资本，你需要把自己产品、服务的成本压到足够低，价格便宜就是你最强大的武器。当然，同时你也得舍得花钱，甚至负利润推广产品，期待有一天竞争对手被你全部卷死，最后你垄断市场，靠规模开始实现盈利。

第二类

靠做差异化，锁定高端，做有钱人的生意

想成为这类赢家，你需要找到一个足够细分的赛道，找到能满足有钱人特定需求的产品服务。放弃低端客户，虽然看似潜在客户总量减少了，但因为社会上20%的人掌握了80%的财富，你仍然可以收获10倍、100倍的利润。而对于高端客户来说，价格不是最大的成本，时间才是最大的成本。

前者的典型代表是钟睒睒——农夫山泉的创始人，靠性价比把一瓶矿泉水卖给大部分人。

后者的典型代表是贝尔纳·阿尔诺（Bernard Arnault）——奢侈品教父，法国奢侈品巨头酩悦·轩尼诗–路易·威登集团的创始人，靠收购世界上90%的奢侈品品牌，锁定中高产阶层的社交需求，曾登顶世界首富。

既然两条路都可以达到塔尖，为什么锁定高端是适合99%创业者的战略呢？

接下来，我将带你一起打开新世界的大门。

赚有钱人的零花钱
而不是普通人的生活费

为什么同样的行业你赚钱赚得很辛苦，别人却很轻松？

为什么同样的项目你很快到天花板，别人却持续增长？

为什么同样的能力条件下你只能赚几十万，别人却年营收千万？

选择大于努力，虽然听起来是陈词滥调，但对于创业者来说，你要干的第一件事就是制定战略。

一个好的战略，需要具备两个条件：一是有所"占领"，二是有所"省略"。

我经常听到大健康行业的创业者和我说："C宾老师，我的产品特别好，客户是从0到100岁的人，真的！效果就是这么神奇，真的！"

产品效果如何先放到一边，这里不过多评价，但站在商业角度来分析，客户人群是所有人，这是个非常失败且愚蠢的战略决策，或者说无异于自断前程。因为如果创业人不懂做减法，不懂聚焦，等待你的一定是越做越累，规模越做越小，内心越做越无力。

有人问：辐射的客户范围不应该是越广越好吗？我给大家举个例子，大家就明白了。

假设你有一天起床，感觉心脏不太舒服，决定去医院检查，检查后发现要做一个心脏手术，这时你面临以下两个选择。

选择一：找一位有20年经验的全科主任为你做手术。

选择二：找一位有20年经验的心脏外科主任为你做手术。

我相信99%的人都会选心脏外科主任。

为什么呢？

专科医生的医术就一定更高吗？

也不一定。

那为什么我们会更偏向选择专科医生呢？

很简单，自原始社会末期开始，人类的社会分工合作越来越精细，在当今社会，一部iPhone手机的生产需要30多个国家和地区，200多个不同的工厂一起合作。所以我们的大脑会自动告诉我们，如果一个人专注做一件事，他肯定更擅长这方面；反之，如果一个人要同时解决的问题太多，他必定会因此分心，注意力分散，从而导致无法在某个领域做到登峰造极。

那有没有可能那个全科医生的能力其实也很强，并且具备治愈你的能力呢？

当然有！但这不重要，因为对于客户来说，你看起来像什么，比你是什么更重要。

所以制定战略的核心，不是选择做什么，而是选择不做什么；不仅要选择服务谁，更要选择不服务谁，减法比加法更重要。

定位一定是一毫米的宽度，一万米的深度。

低端客户表现情绪
高端客户解决问题

很多人觉得高端客户不好伺候，其实恰恰相反！

创业8年，服务了超过2万名付费客户，客单价从199元到100万元，我们发现客单价199元的客户反而是最难服务的。他们经常因为一点小事不满，因为一点小困难就情绪崩溃。

需要付出最多时间指导的是他们，经常需要心灵按摩的是他们，因为一点困难就退缩的是他们，最后退费闹得最欢的也是他们。

你经常能从他们口中听到：

"但是C宾老师，我的情况感觉不太一样……"

"可是C宾老师，如果出现……又该怎么办呢？"

"这样做，真的可以吗？"

"这样做，别人会怎么看我啊？"

……

总之，不管你的解决方案多么完美，你总能从他们口中听到各种借口来自我否定、猜疑和质疑。

如果你有过服务低客单价客户的经历，就会发现，稍不小心，你就会成为客户的"保姆"，80%的时间不是在解决实际问题，而是在给客户做心灵按摩。好不容易与他达成共识，又会因为一个极其细小的问题，再次触碰到他们敏感的神经，让他们等待你的"情绪救赎"。

而高端客户恰恰相反，他们的理解能力和执行力都非常强，不会拿完美主义当作自己退缩的挡箭牌，深刻理解想做一件事根本不会有百分之百准备好的时候，更不会带着情绪求安慰，他们时间宝贵，就事论事。而且你稍微在思路上点一下，他们就能举一反三，快速执行。

两者的区别是，低端客户很容易把你当作他们的"救命稻草"，而高端客户能深切地理解你的帮助只是锦上添花，能真正掌握命运的只有他自己。

我们也曾踩过这些大坑，从早期做低客单价创业帮助大学生、小白从0到1开启创业之路，到聚焦有基础和专业能力的个人IP、创业者和老板，通过设计奢侈品全案，帮助他们实现营收从百万到千万的突破，过上有钱有闲的生活。

我们总结了一条铁律：永远不要做救世主，你只能帮助那些本应该成功的人成功。

因为定价"太便宜"
所以卖不好

很多人害怕价格定得太贵，会吓跑客户，其实恰恰相反，如果定价太低，不但无法促进成单，反而会起到反作用，吓跑那些本想为你付费的高端客户。

拿知识付费、咨询行业举个例子。

你觉得买1000元训练营，和买10万元定制陪跑服务、买100万元操盘落地服务的人，是一类人吗？

我可以很负责地告诉你：不是一类人。

买1000元训练营的人，大多是打工人，在他们的概念里，当一个问题出现后，他们的惯性解题思路就是自己学、自己干、自己解决问题。他们并不介意花费大量的时间学习、写作业、打卡，如果内容密度安排得大，他们反而会觉得收获感很强。

买10万元、100万元服务的人，他们大多是老板、创业者。在他们的概念里，省下时间来试错才是最重要的。当一个问题出现后，他们的惯性解题思路是：这个问题能不能直接花钱找专业的人解决。他们深刻理解：与其自己琢磨，浪费大量的时间成本，不如直接让专业的人做专业的事，直接找人来解决问题。

最有趣的是，如果你的价格太便宜，他们反而不敢和你合作，我们就遇到过一次这样的尴尬情况。

我们刚把公司搬到深圳的时候，一个朋友推荐了一位做大健康行业的上市公司老板来报名我们的全案服务，面对我们12.8万元的服务费，她说："如果不是朋友推荐，我是不敢买的。"

当时我们就很震惊，觉得12.8万元也不是一个便宜的价格了，后来想了下原因，觉得对于这个体量的老板来说，可能平时随便付费做次营销推广都是百万预算起步，12.8万元的咨询方案显得太廉价。

但想想看，换到自己身上其实也一样，如果有一天你在逛淘宝，看到一个首页正在推荐一款2块钱20双的袜子，广告语是"100%新疆纯棉""7天不洗也不会臭""国家专利技术"……

你敢买吗？

你是不是也会觉得价格太便宜，质量肯定有问题？

所以，如果你也在做非标品服务，尤其是在做个人IP时，要有定价策略，千万不要担心价格定得太高，别人不敢买。对于高端客户来说，价格定得太低，他们更不敢买。你定价太低，就是在自动过滤高端客户，何苦呢？

低端客户与高端客户行为习惯不一样，思考方式也不一样，定价对标的参照物也是不一样的，如果我们一直用低端客户的思考方式去做高端市场，得到的结果一定与我们的期望背道而驰。

　　记住，高端客户不会因为你的定价便宜而选择你，反而会因为你的定价便宜而抛弃你。

为什么你有收钱卡点

"C宾老师，我不敢收钱。"

"我明明知道自己的东西很有价值，但就是不敢收那么高的价格……"

"同行那么权威的专家，那么优秀的大佬，都才收几千块，我凭什么能收几万块呢？"

面对"收钱卡点"这类问题，最早的时候，我也很不解，甚至还会挣客户："你怎么就不能争点气！"

后来我发现，其实每个人都有金钱卡点，只不过所属的阶段和量级不同罢了。

经常收几百块钱的人，一单收几千块钱会有卡点；

经常收几千块钱的人，一单收几万块钱会有卡点；

经常收几万块钱的人，一单收几十万块会有卡点；

经常收几十万块的人，一单收几百万块会有卡点；

……

如何破局呢?

你要理解,什么是影响定价的真正核心。

传统商学院老师会告诉你,定价取决于你的人力成本、渠道费用、运营成本、同行定价等。是的,在可代替性非常强的行业确实是这样。

但在个人IP、咨询、非标准化交付的行业,我发现了一个真相:真正决定你的产品能收多少钱的因素,不是你提供的价值,而是你选择的人群。

换句话说:**价格是由人群而不是价值决定的。**

举个例子,市面上有很多教时间管理的老师,课程的内容也基本大同小异,什么OKR(目标与关键成果)工作法、番茄钟、四象限记录……本质其实都是换汤不换药的内容,如果你也做过知识付费,就会知道如果只是卖录播课,一套课程最多收费几百块钱就到头了。

原因也很简单,客户不找你买,也可以找其他人买,在"得到"这样的知识类平台上,花199元就能买到相似的课程。

那普通人的破局之道是什么呢?

我们的全案咨询客户"Zoe捧姨"就有这样的经历:找到我们之前,自己做了健康减肥、时间管理的定位,课程卖得还可以,她也尝试做了一些训练营,一个月能赚大几万。她虽然非常努力,但是收入却遇到了瓶颈,无法突破新高。

和我们深入沟通后，我们发现Zoe和很多创业者一样，都有一个错误认知：只要力所能及，不管什么样的客户，都会竭尽全力帮助。如果客户是宝妈，她会帮助客户缓解育儿的压力；如果客户是学生，她就帮客户制订学习计划；如果客户是运动员，她就帮客户制订训练计划……

这让她陷入越做越忙的死循环，不仅没有清晰的定位，也无法和潜在客户一句话说清楚自己的定位是什么，到底是帮助谁，解决什么问题。

然而深度沟通后，我们发现，真正让她服务起来轻松，付费又果断的客户，其实是创业者和企业家。

而这类人群的痛点是：精力管理，找到家庭和事业的平衡。

这其实也很好理解，不同层级的客户，对时间的估值体系是不一样的。对于低端客户，他每个月的工资可能才1万块，就算一个月省出来10小时，又能怎么样呢？他的时间本来也没那么值钱。

可对创业者和企业家来说，时间是他们最重要的资产之一。能把精力管理好，效率提升30%，省下来的时间可以陪家人。我们发现，其实很多功成名就的创业者内心非常愧疚，他们最大的痛点不是没能赚更多钱，而是本想弥补对孩子的陪伴，却在现实中被事业一次次地缠住。

因此，我们帮她重新定位，定位精英女性的精力管理教练，帮助客户做精力管理，在更高效做事的同时，也能找到事业和家庭的平衡，保留了她最擅长的健康管理+时间管理的能力，同时切中了高

锁定高端客户

端客户的需求点，客单价也提升了10倍。

如果看到这里，你还是不敢收钱，还是过不了自己这一关，那我给你一个终极建议：自己先成为高端客户。

普通人的思维是先拥有，再成为；而高端客户的思维是先成为，再拥有。

你之所以觉得花这么多钱买服务的人很傻，觉得付钱的人是冤大头，本质上是因为你自己没有花过这个价格去体验类似服务。

任何事情，你从没有体验过，就无法真正感同身受。

我曾经也一样，觉得花800万买劳斯莱斯的老板很离谱，如果是我，肯定是花30万买辆车，再拿770万去理财，5%的保底，一年近40万的被动收入，这不好吗？

到底是买劳斯莱斯的人傻，还是我傻？

拥有过劳斯莱斯的朋友就会知道：

一、劳斯莱斯可以抵税，折损省下来的费用远超每年40万的理财，规划得好，车相当于免费开。

二、劳斯莱斯可以做话题流量，比如你在做短视频，同样的内容，你坐在劳斯莱斯里拍，和坐在家里拍，自然流量可能是3—5倍的差距。

三、劳斯莱斯可以帮你少说一万句话，在谈一些大合作的时候，这就是让你不用张嘴就能展示你的实力的工具。如果你的每单利润是20万，每个月因为劳斯莱斯的加持多成交了5单，不到一年，车的费用就轻松赚回来了。

每次在公司内部培训的时候我都会说：如果你想成为一个行业的销售冠军，你就要成为一个非常容易被成交的人。如果你想要做高客单的生意，就要亲身付费过高客单。世界是一面镜子，如果你想和高端客户成交，自己首先要成为高端客户。

不要做某个领域的专家
要做解决某个问题的专家

传统商学院在讨论定位理论时，通常会要求你做市场分析，做一个市场规模评估，去测算自己产品的市场占有率，从而判断发展潜力，以及适不适合深耕。

而在我看来，思考市场规模这件事，对于99%的创业者来说，是没有意义的。大多数人并不是要做一个独角兽级别的公司（估值10亿美元），在中国近14亿人口的红利下，再小的小众行业，基本都是一个10亿人民币体量的市场。

可以问问自己：在思考行业潜力前，你有没有做到垂直领域的第一、第二或者第三？如果答案是"NO"，那你为了所谓新鲜感，去无限叠加业务真的有意义吗？

比如说"海娜师"，你听过这个职业吗？

我相信90%的人，可能连"海娜"是什么都没听说过。但如果我告诉你，一两个人的团队一年就能收入300万—500万元的净利润，你相信吗？

简单来说，"海娜"，就是画在皮肤上"可以洗得掉的文身"。我们有个奢侈品全案客户吴因念就是海娜师，找到我们之前，她是个技术精湛的手艺人，虽然营销做得一般，但每个月靠摆摊也有1万—2万的收入。

当我们了解完她的产品后，发现海娜如果只是按照"可以洗得掉的文身"这个不疼不痒的卖点去宣传，是很难有品牌溢价的。

说白了，我上网买个文身贴，贴一下不也一样吗？

于是，通过深度商业调研，我们发现真正的高价值的艺术，一定要从实用主义升华到精神层面。因此，我们帮助吴因念从单纯画图案，转变成给客户画一个好运图腾。因为好运图腾是有寓意的，比如招财、招桃花、保佑身体健康、增长智慧等。

祥云扇子

「开运」

吉祥、喜庆、幸福的愿望以及对生命的美好向往

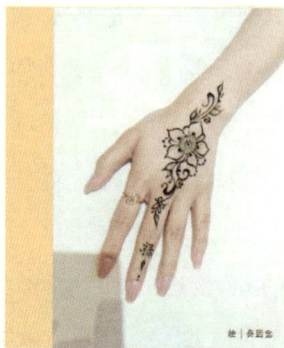

禄

「智慧」

身体健康
志度和善
聪明过人
高官厚禄

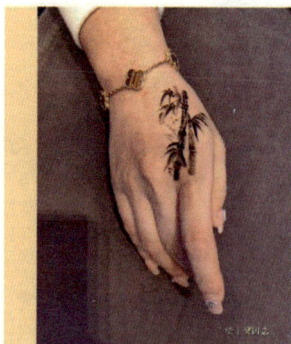

竹子

「安康」

前程美好
节节高
洽情安宁之意

凤凰图

「爱情」

幸福吉祥
美满和谐的爱情。

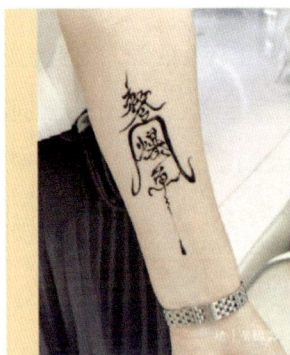

当年因念给我画了爱情花臂，不久后我就找到了爱情

吴因念的客单价瞬间翻10倍，复购率和转介绍率也直线拉升。因为当信念的加持应验后，客户就会从解决自己的感情问题转换到解决孩子的教育问题，再到解决事业上行的问题，吴因念真正实现了商业闭环。

如果营销的核心就是给产品和价值画等号，那因念在奢侈品思维打造商业模式的背后，就是给海娜图案和好运图腾画等号。

我们卖全案服务也是一样。有些创业者可能会觉得我们的服务有点贵，这是因为他们还没想明白，泽宇咨询的奢侈品全案服务=1个战略外脑+1个产品总监+1个销售总监+1个运营总监+1个设计总监。

一个助理每月的薪资可能是1万元，1年就是12万，但你的助理能帮你解决可以直接影响变现的业务问题吗？

那如果我告诉你，你花一个助理一年薪资的钱，就能享受5个专业团队顶层设计、产品设计、营销流程定制、展示面梳理的服务，直至落地，是不是一下就感觉自己捡大漏了？

所以，不要觉得你做的事情太小众。

打破地域限制，只要做到一毫米的宽度，一万米的深度，高端客户就会自动被你吸引过来。

做100万的生意和1000万的生意投入的精力是一样的

经常有学员问我："精力和时间有限，该如何定位？到底是服务高端，还是服务普通大众？""产品本身很有价值，但是与营收不匹配怎么办？"……这些问题可以从很多角度去解决，但如果你想真正理解为什么要选择锁定高端，就一定要理解，同样的赛道，服务高端客户和低端客户的流程、付出的时间精力，几乎是一样的，但收益却天差地别！

拿我们服务的一个房地产客户来举例，卖豪宅和普宅都是同样的流程，都要开发客户、带看房、签合同……没有一步是能省略的，对不对？

但卖一套2000万的豪宅，佣金就有50万；而一套刚需普宅200万，佣金可能只有4万，这中间是数倍的差距。而且服务低端客户，事特别多，服务了半天，最后可能因为差几千块谈不拢，对方决定放弃购买，甚至跳单。

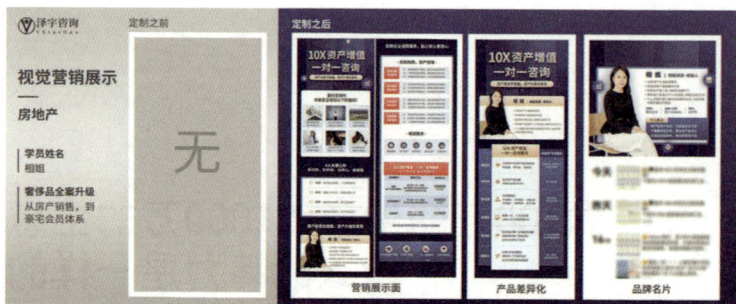

所以同样是卖房子，高客单价一单的利润，低客单价需要十几单的销量才能达到，但需要的人员成本和工作量却差不多。这就是著名的帕累托分布，也叫二八法则分布。意大利经济学家帕雷托发现：20%的因素影响80%的结果，这个法则普遍存在于人类社会和自然界中。

比如20%的人掌握80%的财富；衣柜里20%的衣服占用了我们80%的日常穿搭……想想创业的时候是不是也是这样：

1. 80%的销售量来自20%的客户。——我们应该把重点放在重要的客户身上。

2. 80%的问题来自20%的产品。——我们应该重点关注那些频繁出现问题的少数产品。

3. 80%的工作完成度需要20%的时间。第一个80%的工作进度只需要20%的时间，但最后20%的工作进度可能需要80%的时间。——我们应该重视时间管理。

4. 80%的错误和事故是由20%的人造成的。——我们应该重点关注那些常出岔子的少数人。

5. 80%的投入产出20%的效果。——我们应该专注在最重要的事情上，以达到最佳效果。

6. 80%的决定源自20%的信息。——我们不应该因信息过量而迷失方向，应该抓住最关键的信息。

7. 80%的问题可以通过20%的方法解决。——我们应该重点关注最根本和最重要的方法，而不是过分专注小节。

想做年营收8位数的生意，重点是要关注20%最重要的客户。投入的精力不变，结果却天差地别。

02

奢侈品战略的
交付与产品设计

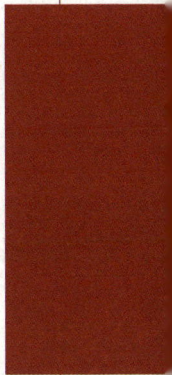

知识不值钱，服务才值钱

AI时代已经到来，如果你还在纯靠卖课、卖信息差来赚钱的话，我建议你尽快转型。

同样一个问题，AI可以0.01元的成本，浏览浩如烟海的数据信息，萃取古今中外每个领域里的大师的智慧结晶，再以0.001秒的速度分析、对比、总结归纳，给出一个无限接近于真理的标准答案，就像《三体》里讲的，这完全是高级文明对低级文明的降维打击。

所以，当我看到还有一些个人IP以9.9元、499元、999元的价格靠信息差来卖一些录播课时，我感觉自己像是穿越回了蒸汽时代，无数马车夫在看到汽车后，内心依然倔强，不愿拥抱科技。虽然短期不会被淘汰，但终将会成为时代的化石。

那知识IP的出路是什么？

答案是：不要只卖知识，还要卖定制化的服务。

很多知识付费的老师会被贴上"割韭菜"的标签，这是因为他们没有意识到问题。

听了你讲的，不代表听懂了；

听懂了，不代表会做；

做了，不代表就能做对。

如果想在AI时代胜出，就一定要做定制化的服务，从卖知识转型到卖解决方案。

原因也很简单，人不是冷冰冰的机器，在追逐某件事的路上，需要的不单单是方法，更重要的是随之带来的情绪价值，如激励、滋养和陪伴等。

就拿减肥这件事举个例子，方法层面没有什么不可告人的秘密，最有效的方法其实每个人都知道，就是管住嘴，迈开腿。

但为什么99%的人都花钱找过健身教练呢？

很简单，因为如果我们想更快地拿到结果，就需要定制化的服务。比如，在你健身做动作无意识变形时，需要有一个人帮你纠正动作避免受伤；在你想偷懒的时候，需要有一个人鞭策你激发潜力；在你想要制订健身计划时，需要有一个人根据你身体机能的优势和弱点，提供计划制订上的精准指导。

放一张高端客户和低端客户的需求对比表，会更清楚。

服 务 对 比

服务内容	高端客户	低端客户
服务内容	最小必要项	越多越好
服务时长	更确定性结果	越久越好
服务价格	投入产出比	越便宜越好

所以，知识不值钱，你的定制化服务才值钱；服务越被需要，你的客单价就越高。

让客户体验小成功
他才能体验大成功

在产品设计中最大的误区就是：内容包含得越多，产品就会越好卖。

这就像你报名了一个老师的摄影课，课程的前几节，老师全部以极其专业的语言，为你讲述相机的各方面知识。虽然很重要，但非常枯燥，是不是听了10分钟，就坚持不下去，想睡觉了？

所以，我们在做产品设计时，千万不要单纯去追求所谓的完整性，更值得思考的是如何以最快的速度让用户建立一个正向反馈的闭环，让他从此对做这件事有信心。

手机游戏就是把正向反馈运用到极致，最终让用户上瘾的顶尖高手了。拿国民级手游《王者荣耀》来举个例子。

首先，《王者荣耀》上手非常简单，左手控制方向，右手控制攻击，就算是小学生，也可以在5—10分钟内完成自己的第一个击杀，体验到游戏的快感。

很多大型电脑游戏玩一把要2—3小时，操作需要10个手指不停地切换按键，通过设计不同的战术策略组合，和队友配合，最终取得胜利。

大型电脑游戏虽然自由度更高、内容更丰富、团队协作性强，但这些大型游戏所谓的优点，却成了它永远无法平民化，永远无法超越《王者荣耀》的枷锁。

所以，我们作为自己产品的设计者，一定要铭记：一切都要以结果为导向。从最容易拿到结果的板块里挑出能够影响客户决策的那些关键动作，对它们进行提纯后，再集中火力，把弹药都打到正向反馈的闭环上。

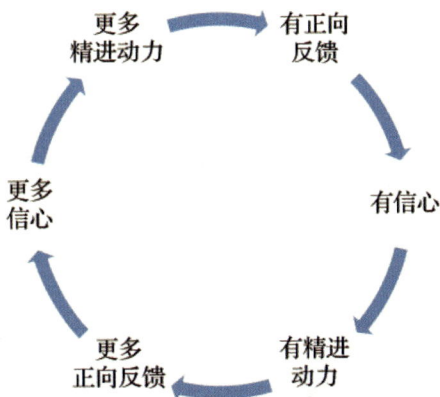

回到开头摄影课的例子，如果我是一个教摄影的老师，那我的课程一定不会上来就讲过多的原理，而是直接给出专业摄影作品的常用参数，让学员立马可以上手，拍出专业感十足的照片。

这还不算完，当学员把照片发到朋友圈收获50个甚至100个点赞，评论区收到了"哇，美哭了，姐妹"的正向反馈时，你还担心学员会因为没有动力而轻易放弃吗？

总而言之，产品设计要顺应人性，找出最容易收获正向反馈的步骤和方法，别藏着掖着，把它放在你交付流程里的第一步。

先卖再做
不是先做再卖

　　很多人的创业顺序都是先学习，再打磨产品，最后再卖。但创业了5年，我发现这个顺序完全反了，正确的顺序应该是：先卖，再打磨产品，最后再学习进行优化。

　　不信？那我们先来一起看看世界上最知名的奢侈品品牌都是怎么做的。

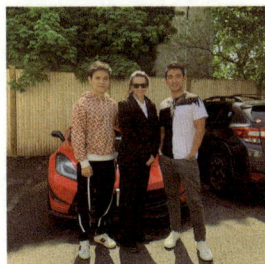

> 泽宇与C宾在美国与**哈佛商学院** 课程主任
> **波士顿大学商学院** 奢侈品研究教授Sandrine Crener(中)交流学习

锁定高端客户

爱马仕是奢侈品包包的"扛把子",名媛贵族最宠爱的品牌之一。你觉得爱马仕是先大规模生产再卖,还是先卖再生产?

买过爱马仕的人都知道,爱马仕的包很少有现货,买他们的经典款柏金包,甚至还得配货,而每当出一个新款时,一定是先策划一场时装秀,再根据客户的反馈与订单,最终完成生产。

不仅如此,顶级的汽车行业也是一样。法拉利每推出一款新车,一定是先用样车开一场发布会,然后看市场的反馈,再决定是否大规模生产。而样车更像是一个壳子,除了炫酷的外表,内饰中控都还没实装,却丝毫不影响产品的大卖。

所以,一定要记住:好产品是迭代出来的,不是你一开始就能做出来的。

早期的创业最怕的就是完美主义,觉得这里还不够好,觉得那里还有进步的空间。其实创业本身就是一个跳下悬崖,一边造飞机、一边开飞机的过程。最重要的是先把两个翅膀安装好,而不是去关注飞机的空调是否足够智能。

做IP也是一样。不要总是觉得自己能力不行,觉得自己是不是要报一个班或考个证才能赢取客户的信任,用匠人精神的借口天天打磨产品,却忘记了在创业早期,速度才是最重要的,商业营销才是最重要的,一味地追求更专业,结果是不会陪你演戏的。

这其实也解释了社会上为什么有那么多有才华的穷人,如果这个社会真的拼的是专业能力的话,那各个行业里最有钱的人应该是那些大学教授,至少是博士对不对?

所以商场是江湖，江湖多草莽。

创业的初期，你需要思考如何把你的专业能力提炼成帮助客户解决问题的能力，这个时候请停止盲目地学习和考证，请停止成为有才华的穷人。你要去做的事情是什么呢？如果你是六年级的学生，可以去教一个二年级学生做数学题，而不是把自己打磨成一个大学教授再出山。

草莽阶段，创业的成果都是带着脚步快跑出来的，速度决定生死。很多向我们咨询的创业者，都被自己的"自我感觉"和"自我规则"束缚了。他们会不停地说自己喜欢怎么样，自己希望怎么样，自己觉得怎么样，而忘记了客户才是买单的那个人。

所以不管是设计服务，还是设计产品，都一定是先卖再做，然后不断迭代优化。做事也是一样，一定是先完成，再完美。

客户的"坏习惯"都是被你养成的

如何与客户建立适宜的边界感，是很多创业者向我请教的问题。

我对于这件事太有发言权了，因为我本性其实是个讨好型人格，总是希望成为客户眼中的好好先生，因此在服务客户的时候，总是会为了让客户满意，而选择牺牲自己的时间，解决了大量根本不是我应该解决的问题，慢慢就相处成了很多客户的情绪垃圾桶。

更可笑的是，早期我接手的付费社群，很容易在我接手的1—2个月里就一片死寂，基本没有什么人在里面说话。取而代之的是我每天被客户排满的一对一语音，私聊对话无数的语音方阵，以及每天晚上工作到12点都回答不完的问题。

有一天我实在受不了，就跑去问泽宇他曾经是如何做到每天2小时轻松管理好一个1000人社群的。泽宇说了一句话，对我触动很大，他说："每个人的行为其实都是被'外界环境'和自己的'相处模式'养出来的。"

是的，本质上一定是我们和学员的接触方式和营造出的环境导致了客户对我们做出这样的行为。服务里面从来没有"你应该怎么样"，更没有"他应该怎么样"，只有"我应该怎么样"。

孟子曰："爱人不亲，反其仁；治人不治，反其智；礼人不答，反其敬。行有不得者，皆反求诸己……"意思是说，任何行为得不到预期效果，都应反躬自问，好好检查自己。

如果学员每次问我问题时，我都在私聊中解决，并让他们感觉很有帮助，那他们下一次一定还是来私聊我，而不是去群里分享。我的"有效的教学行为"就是对他"私聊提问"最大的默认和肯定。而且，私聊教得越好，他下次想私聊我的冲动就会越强。

一个学员做了一个过界的举动时，我们一定要明确态度。这里说的表态，不是让你对学员发脾气，而是要让对方知道你的边界。

比如，已经晚上12点了，学员私聊打电话过来，我应该：

第一步

挂断电话 + 平复情绪

回复：抱歉，现在不太方便，可以打字，看到后我会给你回复。

第二步

让他知道自己并不孤单 + 正确引导

对方把问题发过来的时候，我会热心地回复：这个问题特别好，很典型，前几天好几个学员在问我这个问题，你可以把问题发到群里，我给你们一起解决一下，大家一起受益，避免这种问题再发生。

第三步

强化正确动作

群里使出全部功力，没有一点废话，直击问题的本质，帮助学员解决问题。

"原来这个问题不只我有，其他学员也有，没有什么好害羞的。"

"如果我私聊老师，回复会很慢，甚至不回。"

"如果我在群里问老师，很快就能得到解决方案，而且得到的都是特别用心、可实践的解决方案。"

久而久之，在新的脑回路建立后，如果你是学员，下次再遇到问题，是私聊还是发群里呢？

泽宇咨询说明书

泽宇咨询
VStarOne

所有行业都值得用奢侈品思维再做一遍

1. 首先我们的字典里没有【傻学员】

你能找到我们，当然是希望导师可以给你一张地图，让你少踩坑，少走弯路，更高效实现目标。所以放下你的面子，不要把自己看的太重，不要担心问出一个小白的问题别人会怎么看你，今天跟你透个底：所有我们带出过年入100W+、年入1000W+、甚至年入1个小目标的学员，都是好奇宝宝，无一例外！不要闭门造车，不要自己内耗，在奢侈品商业模式领域，你的顿悟，是老师们的基本功。

2. 我们对【懒学员】是 0 容忍的

什么是懒学员？就是如果你问的这个问题是可以「百度一下」就能解决的，比如"老师，微信怎么给联系人打标签？"那我们希望你尊重下我们的时间，也尊重下自己的时间，问出这种问题，只会让我们看不起你，觉得你是一个"张嘴要饭的巨婴"，无法独立思考的人，创业路上也早晚会栽大跟头。

3. 我们喜欢一针见血，直击本质，讨厌绕来绕去

提问的时候，请不要跟我们讲故事，比如"老师，前两天发生一件.....的事，我心理有点.....感受，你说怎么能这样呢...."，我们不是专业心理医生，更不是你的情绪垃圾桶，请带着你的【具体动作】来和【尝试的思考】来与我们高效解决问题。正确的提问方式是"老师，我现在遇到的问题是.... 自己尝试做了.... 现在我的思考是..... 和....，你觉得怎么样？或者你有什么针对这个问题更好的建议吗？" 我们向你保证，只要你带着思考来找答案，我会让你感受到我们团队的实力和诚意。

4. 我们每天上百条信息，无法做到信息秒回，但奢侈品联盟总群我们会置顶优先回复

群内 @ 我们的信息我们都会在 24 小时内答复，就算是我们在去美国，在欧洲，在北极的飞机上，落地后的第一件事也是打开手机。所以只要不是我们身体出现了严重的问题，你按照上面说的来提问，进了奢侈品联盟就是自己人，我们会在自己的认知范围内，对你做到 100% 毫无保留、倾囊相授。

5. 既然已经到了奢侈品全案了，未来咱们就要开始正规化、标准化和流程化的来运作业务和管理团队，这样才能把团队进行复制，并且做大规模。

为了帮大家更好的达到这样的目标，咱们所有的奢侈品全案的学员才会让大家使用 CEO 驾驶舱，这个是咱们科技公司研发的工具，也是咱们内部的自用软件，方便大家后续产品营销落地。

所以既然和我们一起学习成长了，那么咱们就一起把现在的事业给做大，同时简单真诚和永远不要忘记刚才和你讲的前 4 条未读。

最后，如果你想进一步提升服务质量，建立正确的边界，我建议你做一份属于自己的团队说明书。解决问题最好的方式，是让问题根本不发生，90%的矛盾都可以在前期通过预期管理，从而达成共识提前规避掉。

原则就是底线，如果你为一个人/一件事开了口子，做了妥协，就会为另一个人/另一件事让步，底线最后就会在不知不觉中被突破，你也成了别人心里可以任意蹂躏的老好人。

高端客户的相处七原则

清空预判

很多人做老师、做教练、做咨询师做久了以后，会发现学员还没说完，自己就知道对方要说什么了。所以第一步一定是放空内心，要反问自己：是否在还没有了解清楚问题全貌的时候，就已经预判对方？

我们需要听的，不是对方怎么阐述自己的问题，而是对方现在问的这个问题是不是真正的问题。咨询师要有这样一个判断：不是对方问什么咱们就答什么，而是认真倾听对方的问题到底是什么。

比如，客户问我们：老师，抖音如何涨粉？

我们就会先思考：他的问题真的是出在涨粉这个问题上吗？还是看到其他人做抖音，有些FOMO（错失恐惧）呢？他目前产品和销售的闭环跑通了吗？如果没有，为什么要放大流量？他需要的是涨粉，还是可变现的精准客户？精准客户有哪些痛点？他在宣传时不断强调自己哪些和同行的差异化卖点呢？

你看，看似一个简单问题，背后实则是一连串的问题。

所以记住，找到那个"真正需要被解决的问题"，永远比解决问题更重要。

客户相处原则二
困难预警

为什么要做困难预警？因为很多时候，学员答应你会做，可实际遇到问题就退缩。所以我们不能只说好处，一点困难都不提。那怎么去跟学员说呢？要说"接下来会做很多你不太适应的动作，这很正常，人只有突破自己的舒适圈，才能成长"。如果你能长期训练自己对学员进行困难预警，你就越来越能规范自己的表达方式。

比如客户要开始行动了，你不要只说："加油加油，只要坚持就一定能成功，你会成为百万粉丝大V。"而是要说："太棒了，任何事我们都先完成再完美，虽然我知道你是一个目标感很强的人，但我还是要说一下，你改变的初期一定会遇到身边人的质疑。"

当你这样说后，学员再遇到身边人的质疑时，内心就会更笃定，因为这个障碍早已预料到了。

客户相处原则三
责任管理

经常会有学员问我，客户把他当保姆，什么问题都问怎么办？

我们需要在刚开始的时候就跟客户清晰地界定责任界限，建立自己的原则。说清楚什么事情是自己会负责带客户解决的，而什么事是客户需要付出行动来完成的。

客户相处原则四
救火演习

就算一件事规划得再好，也一定会遇到问题，所以我们一定要制定好"救火"预案，不要临阵磨枪。比如你可以问他："假设遇到×××情况，你该怎么办？遇到×××情况，你又该怎么办？"只有把紧急状况当实际情况去演练，才能在紧急情况发生时，轻松面对。

客户相处原则五
行动契约

客户行动力差，甚至找借口失联怎么办？很多时候，我们只给学员讲了学习流程，学员学了两天就不动了。这时，千万不能被学员带节奏，等学员自己动，否则学员会觉得学习没效果，闹退费。正确示范是在起始阶段就达成共识，比如你可以问他的目标是什么。"好，我记住了，但是我对你的要求会更高，你能接受吗？好的，那么有一天你忘了，我都不会忘。"当对方退缩的时候，你就可以说："××，你忘记了我们在××月××日的约定了吗？你忘记我们的目标了吗？"这样说便不再是指责，而是实现共同目标过程中善意的提醒。

锁定高端客户

客户相处原则六

失败者规律

我们不能只说成功案例，也要让学员从失败者身上吸取教训。失败者一般都有各种原因，比如没有办法空杯学习（指人在学习的时候，能够清空自己的内心，去接纳新的事物），追求完美，觉得还没有准备好，太在意别人的看法而不是市场的反馈，甚至因为闺密的一句"会有人想买吗?"就放弃了自己的选择。

我们与学员的第一通电话，只跟学员交代学习流程。如果一直给干货，想把所有的好东西都教给对方，对方是很难坚持下去的。你可以跟他说："不出结果的人一般都是因为无法空杯学习，在意别人的眼光，你想在这里突破××，我会全力帮助你，只需要你保持空杯心态，能够全然相信我，你在后续学习过程中能做到听话照做吗?"

客户相处原则七

给予信心

信念是做成一切事情的核心，你要告诉客户："加油不用怕，我在你身后，如果遇到困难，我会跟你一起去解决和面对。"比如教学员健身，举哑铃做深蹲，你为了给学员专业的指导，一直在教他脚怎么站，身体怎么发力，然后一直督促学员赶紧做。学员可能会很敷衍地做一下，然后告诉你他不行，后续可能就不搭理你了。

　　你可以尝试微笑着说："不用怕，我会扶着你，我就在你后面，来，我们先尝试做一下。"一直鼓励，"你很棒呀!"优秀的教练除了要具备超强的能力，掌握恰当的方法，更要具备激发客户的潜力，为客户赋能的本事。

你的能力真的不可复制吗

"管人太累了，还不如自己干呢！"

"带人太难了，教了好几遍了，还是不懂！"

"工资也发了，但总觉得自己在给员工打工！"

"不是说不想交出去，但想达到我的交付能力，至少需要10000小时的经验，除了我，真的没有人能替代……"

公司规模发展到一定量级，你一定会遇到招人、带人、管人的问题，如果你不懂如何复制自己的能力，就会像一个"油尽灯枯"的火车头，勉强拉着团队成员负重前行。

我曾经遇到过相似的困境，但抱着与其自己摸索，不如直接向行业顶级的公司学习的想法，我发现了麦肯锡的人才复制密码。

麦肯锡作为全球最大的咨询公司，在全球44个国家和地区有80多家分公司，2022年创收超128亿美元，更重要的是，它神奇的人才复制体系，可以让一位刚刚毕业的大学生，在经过一两个月的培训后，就可以为世界500强的公司提供咨询服务。

在它的底层培训系统中，我发现了麦肯锡的3大绝招：**方法论、**

工具箱、案例库。

　　方法论，是解决任何问题的思维雏形，是在遇到问题后员工应该有的第一反应。

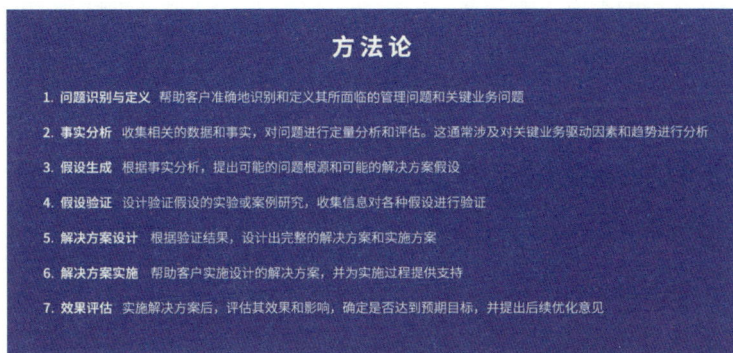

方法论

1. **问题识别与定义** 帮助客户准确地识别和定义其所面临的管理问题和关键业务问题
2. **事实分析** 收集相关的数据和事实，对问题进行定量分析和评估。这通常涉及对关键业务驱动因素和趋势进行分析
3. **假设生成** 根据事实分析，提出可能的问题根源和可能的解决方案假设
4. **假设验证** 设计验证假设的实验或案例研究，收集信息对各种假设进行验证
5. **解决方案设计** 根据验证结果，设计出完整的解决方案和实施方案
6. **解决方案实施** 帮助客户实施设计的解决方案，并为实施过程提供支持
7. **效果评估** 实施解决方案后，评估其效果和影响，确定是否达到预期目标，并提出后续优化意见

　　工具箱，是解决某个特定场景的问题的框架。比如5力模型，员工可以轻松通过这个框架来分析某个行业的竞争环境及战略。

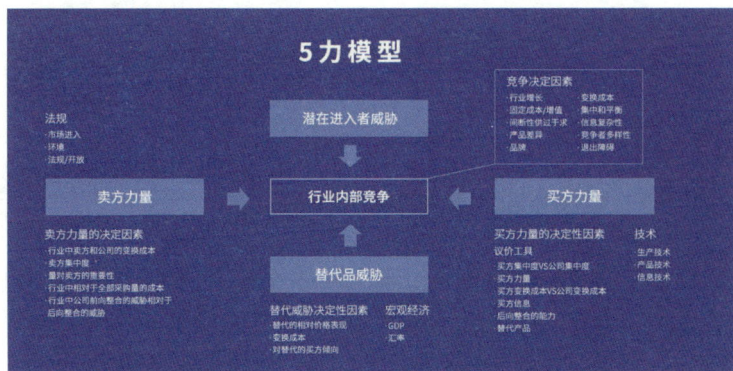

5力模型

　　案例库：团队的合法"抄袭工具"。太阳底下没有新鲜事，最有效的成功一定是复制80%已有的案例+20%的微创新。所以，我们公

司会把不同的成功案例按照行业典型的痛点问题总结成一个个内部案例文档。当一个新客户来的时候，直接调出我们过往的成功案例，两者相似处直接复制路径，不同处定制创新，这样就能极大缩短新员工上岗的周期，避免团队里永远是创始人一个人到处"救火"的窘境。

同时，打造好的案例库也会帮你极大提升成功率，毕竟客户说一句话，顶你说一万句话，什么样的卖点，都不如把相似的客户成功案例直接展示给客户。

批量复制优秀人才的秘密，就是方法论、工具箱SOP（标准作业程序）、案例库Case Study（案例分析）。

03

高端客户的
销售成交

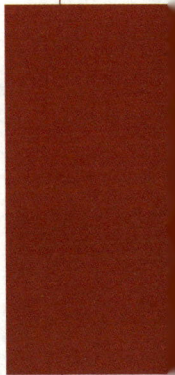

高端客户的3个核心购买理由

高端客户见多识广，会很挑剔吧？

高端客户有钱有势，不选我，肯定也有其他更好的选择吧？

一遇到比自己段位高的高端客户，自己的气场就会变弱，甚至心里会紧张、发虚、恐惧。这是因为你不知道高端客户心里在想什么，不了解高端客户最在意的是什么，更不清楚高端客户会被哪些卖点所打动。

今天我要向你分享高端客户的3个核心购买理由。

1. 更高的确定性

低端客户希望追求100%安全感，高端客户只会追求更高的确定性。高端客户非常理解，任何事情都没有100%确定性，但如果你能帮他把一件事情的成功率从10%提升到30%—40%，他们会非常开心并果断付费。

因为对于高端客户来说，时间成本才是最贵的成本。

你能帮他省下5—10小时试错、走弯路的时间，他就可以用这

5—10小时谈成一笔利润几百万的生意，或者去陪陪家人。而低端客户不同，他们本身在单位时间内创造的价值就有限，比如一个职场新人，他一个月的薪资才1万元，按照一个月工作200小时来算，他的时间单价就是50元/小时。即使你能帮他省下5—10小时，对他们来说，最多愿意支付的价钱也就500—1000元……

所以，如果你想和高端客户成交，不要只讲你的产品功能、你独特的技术，要多站在时间维度，讲讲你的产品/服务能为客户省下多少时间，时间才是高端客户最值钱、最稀缺的资产。

2. 更好的投产比

有些人看到一些高端客户大手笔地花钱而打了水漂，就会觉得他们不理智，被割了韭菜还乐呵呵，殊不知高端客户一点也不傻。他们玩的就是一个投产比的概率游戏，而且他们比谁都会算账。

这也是我们12.8万的咨询服务依然畅销的原因。这些创业者招个助理，每个月都要花8000—10000元，一年就是10万—12万，而我们的奢侈品全案的服务包含了商业模式设计定制、产品标准化定制、销售话术定制、运营SOP手册定制……

相当于花费1个助理年薪的费用就拥有了战略顾问+产品总监+策划总监+销售总监+设计总监（随便一个靠谱的岗位，每个月都至少要2万—3万，一年的成本就是30万—50万）。

而这件事如果做成了，体系落地了，多成交两三个客户就回本了，后续营收的几百万、几千万都是净利润。所以，高端客户虽然钱多，但他们其实比谁都精明，懂得以小博大。你一定要懂得给高端客户算账，算投产比，算代替性方案昂贵的成本，算这件事的潜在回本价值，如此一来，客户就会轻松买单。

3. 更专业的人

高端客户的解题思路和普通客户是不一样的。

就拿知识付费这件事来举个例子，普通人遇到问题，需要学一个新技能时，第一反应是我可以花几千块钱报个课，找个老师学习下，掌握后就可以亲自上手解决，但高端客户的第一反应是：

谁是已经具备了这个技能的人？

哪些公司已经具备了成熟的体系？

我可不可以直接招一个具备这个技能的人？

或者我可不可以从已经成体系的头部公司里挖一个有经验的人过来直接解决问题？

高端客户通常认为，专业的事应该交给专业的人，老板的第一职责是花钱找到正确的人来解决问题，而不是自己解决问题。

掌握高端客户核心需求的三把密钥，让你从竞争的红海走向蓝海。

审核 > 成交

想要轻松成交高端客户，那请先忘记"成交"二字。

因为但凡能用钱买的东西，在高端客户看来都不稀缺，一旦不稀缺，那对于高端客户来说就失去了很大的吸引力。

人性就是这样，如果满大街都是劳斯莱斯，劳斯莱斯还会是大佬们的首选座驾吗？

所以，想要搞明白高端客户成交的底层逻辑，我们可以参考学习下奢侈品品牌爱马仕的做法，可谓是把高端客户心理拿捏得十分到位。

爱马仕最经典的包包叫Birkin（柏金包），一个包包要十几万，稀有皮的包包甚至要几十万，最有名的白鳄鱼皮的"喜马拉雅"要上百万。但还是一包难求，不管你是明星还是老板，如果第一次进入爱马仕的专柜就问："你们这里有柏金包卖吗？"接待的销售一定会回一句："不好意思先生/女士，暂时没有货哦。"

是真的没有货吗？

不，太天真了。其实每个店一般至少有一两个柏金包的库存，但只有店里的超级VIP才有购买资格。

而成为超级VIP的条件就是"配货"，爱马仕内部有一条不成文的规定：只有购买了30万的货，并且买的还得是最难卖又贵的男装、女装，才有资格成为爱马仕的超级VIP。

同样的玩法，世界的顶级名校也在用，比如哈佛大学。哈佛大学每年的学费是7万美元，换算成人民币50万左右，每年能收到超过10万份的申请，也就是500亿的潜在营收，而它真正录取的人只有不到2%，中国每年只录取10个人左右。

很多人可能好奇，这些奢侈品品牌和顶级院校明明可以放开名额赚更多，但为什么有钱都不赚呢？

很简单，审核+稀缺性，才是他们能持续值钱、持续创收的秘诀。

人性就是这样，越稀缺，才会越珍惜；审核越严格，越会有人申请；越大量拒绝客户，越有客户想跟你成交。

注意，这里讲的审核不是简单地走个形式，而是你真正需要拒绝那些不适合你的客户，拒绝那些本想给你付钱的客户；也不是客户本来就没有意向，你最后用审核拒绝，是为了给自己找个台阶下。

记住，没有拒绝过客户的销售，永远无法成为销售冠军。没有审核规则的品牌，永远无法成为奢侈品品牌。

对不起
高端客户不吃PUA那一套

我们都知道，成交环节免不了要挖痛点，但面对高端客户，很多普通的成交方法是无效的，那些所谓的风险预警、极端后果的套路，会很容易被高端客户一眼戳穿，甚至引发激烈的冲突。

换句话说，高端客户是非常厌恶被PUA（精神控制）的。想要自然、舒服地成交高端客户，你一定要学会**顾问式成交**。

顾问式成交，就是以一个专家的角色帮客户做诊断，而不是以一个销售的角色做推销。

什么样的人就算挖你的痛点，你也不会和他起冲突呢？

答案是医生。

当医生拿着你的检测报告，指着报告里的异常指标，让你注意饮食，不然会有×××的隐患风险时，你是会指着医生鼻子跟医生对骂，让他别说了，还是会竖着耳朵专心聆听，然后乖乖地拿着医生给的处方，去交钱买药？

更有趣的是，买回家的药可能从来都没吃完过，但在当下那一刻，99%的人都一定会买。

原因是什么？

首先，因为医生有专家人设（下一篇会细讲），不是主观地告诉你"你有病"，而是基于专业的医学知识和器械先帮你诊断，基于客观数据的诊断报告来给你建议。

我们也是这么做的，接触客户的第一条信息，一定不是说"大哥，这是我们的产品，您可以看看"，而是先让客户填写一份创业测评，了解客户的基本信息，最终自然会顺利成交。

3分钟 突破【商业困局】

免费领取 1对1 创业评测

价值998元 每天仅限5人

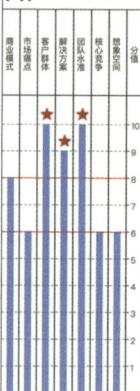

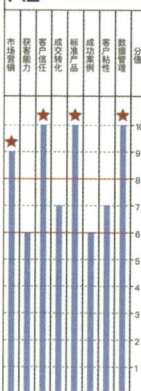

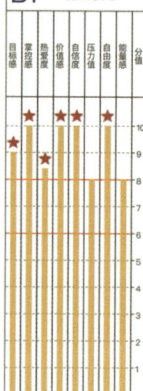

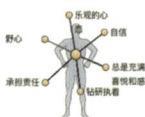

测评这个工具，我真的强烈建议每个创业者都将它融入自己的前端获客流程里，人性让每个人对与自己相关的一切数据感兴趣。MBTI、星座这些现象级爆火的工具本质都是测评。

如果直接收集信息，客户可能会有抵触和反感；用一个测评工具，可以很容易地搜集客户信息，并且能精准完成诊断与沟通。

顾问式成交还要注意，不要用文字交流，要用语音通话。

高客单价产品的成交方式不能单纯靠文字、靠朋友圈，最高效的方式就是语音咨询。当对方一接电话，立马就能感受到你的能量场，你的声音也会增加对方对你的信任度。

最后，很多销售老师都会跟你说，成交时要多讲客户问题，但千万不要给解决方案，不然客户学会了就不用找你付费了。这对于低端客户可能是适用的，对于高端客户却是个伪命题。

面对高端客户，千万不要藏着掖着，要精准找出对方的问题，并给出清晰的思路，记住核心方法论是：战略免费，战术收费。**记住，高端客户是没有时间精力操作每个细节的，不要因为害怕被一些低端客户抄袭，而放弃了在服务过程中提供价值的初心。**

真诚，永远是最有效的套路。

高端客户都是颜值控

　　每年都有人在换赛道、换专业、换技术，所以彼此再见面的时候都会问："你现在在做什么？"

　　和你是一个什么人相比，大家更能记得你是做什么的，大家用你做过的事情来界定你是谁，而只有亲朋好友才能通过你的外貌和性格特点把你和其他人区分开。无论是哪一种人，都逃不掉人设，人设也并不是明星网红的专利。

同样是情感咨询师

人设泛指个人的社会角色，以及个人在社会生活和他人眼中的形象。很多人都想为自己打造一个好人设，然而，真实的情况是，你是谁不重要，你看起来是谁才重要。

举个例子，同样是情感咨询师，左右两边的咨询师，你会选择哪一个？（62页图）多数人都会选择右边的咨询师，因为右边的咨询师看起来更专业，她看上去能解决很多问题，"感情变淡、争吵冷战、小三插足、分手挽回、婆媳纠纷、离婚边缘"，可右边的咨询师一定比左边的专业吗？不太清楚，但是我们的刻板印象会让我们倾向于选择右边的咨询师。

再看下面珠宝销售的案例，很多人的头像都像左边这位兄弟一样，如保险代理人、地产销售等，模板都一样。

同样是珠宝销售

如果我们买珠宝，大概率还是会选择右边的珠宝销售，因为他

看起来更专业。有没有可能左边的珠宝销售更专业呢？完全有可能。但是出于刻板印象，我们还是更倾向于选择右边的珠宝销售。

刚才我们看到了人设的打造，现在我们看看课程的设计，其实底层逻辑是一样的。下图左边情感咨询师的课程是一对一情感咨询收费，新年特惠299元，名额有限，满额以后升至399元，显然吸引力不是很大。

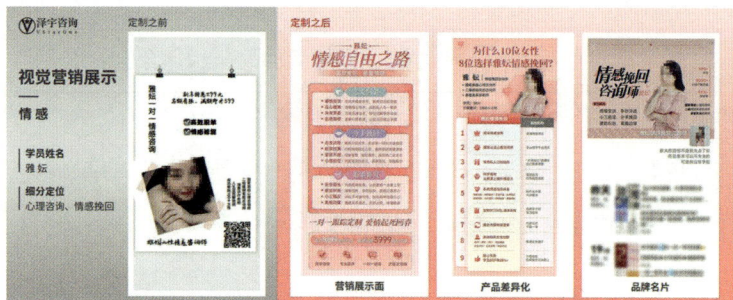

后来我们重新帮她梳理客户需求，对课程进行规划，从"恋爱回温、分手挽回、婚姻修复"三个点出发，价格提升到3999元。她看起来更专业了，更符合客户对这个角色的刻板印象。

高端客户都是颜值控，如果产品看起来不够高端，那就不要做高客单产品了。

轻松做出2000万业绩的8人销售团队

管理者的第一门课一定是数据管理，如果你不懂数据，管理一定会找不到北。不信？我们玩个简单的游戏：

销售A

30万

销售B

140万

现在你团队里有两个销售，销售A一个月做了30万的业绩，销售B一个月能做140万的业绩，你会选择哪个人来提拔晋升？

我相信99%的人都会选140万的那个人，毕竟数据不会撒谎，业绩才是检验能力最好的指标。

但如果实际情况是你给了10个客户资源给销售A，他做了30万；而做了140万的销售B，你给了100个客户资源，这时你又会怎么选？

是不是销售A一下又变得优秀了？

销售B看似业绩做得更多，那是因为他占据了比销售A多9倍的客户资源。所以，单位产出比才是管理者更应该关注的数据，而单位产出比等于总产出除以分配的资源。

如果你不关注核心数据，盲目追求业绩，公司就很容易因为资

锁定高端客户

源分配不公平，导致团队内部钩心斗角，产生所有人都在捧着老板，谁捧得好，谁就能得到更多资源的不健康文化。

所以在做绩效管理的时候，一定要两条腿走路，在考核之外，还要加上考察。考核只能了解员工当下任务和指标的完成情况，而考察需要更多地关注员工的长期潜力。

站在管理者的角度，兼顾考核和考察就更重要了。考核可以让你的日常管理变得轻松，但考察能让你未来的工作变得轻松。只有学会考察下属，才能找出那些值得长期培养或提拔的人才。

如何考察？同样需要制定标准的SOP，把抽象的概念落实到具体的行为上，这样才能为团队指明努力的方向，为管理者提供考察的依据。再拿销售A和销售B来举个例子。

销售A	销售B
咨询单：10	咨询单：15
添加好友：6	添加好友：13
成功通话：5	成功通话：7
成交数量：1	成交数量：5
成交金额：8万	成交金额：5万
好友添加率：60%	好友添加率：86%
通话率：83%	通话率：53%
成交率：20%	成交率：71%
平均成绩金额：8万	平均成绩金额：1万

一眼看上去很难判断哪位更优秀，如果只说销售A或者销售B优

秀的话，就全错了，因为你只看到了事物的一面。其实，销售A有需要向销售B学习的地方，销售B也有需要向销售A学习的地方。比如销售B的好友添加率是86%，而销售A是60%，销售A可以向销售B学习怎么添加对方微信。

销售B的成交率达到了71%，但是成交的都是一些小单；销售A的成交率只有20%，但成交金额很大。所以，如果没有数据，管理团队就会很麻烦，因为你没有办法精准地告诉他哪点没有别人好，还需要加强；哪点他又做得比别人好，可以和团队分享。

你之所以会感觉团队没有战斗力，大多是因为不看数据，不做排名。不做排名就没有紧迫感，这个压力不是你给的，而是来源于员工身边的人。通过数据，能让大家理性关注自己的成长，而不是凭感觉和经验发展。

同时，在管理团队的过程中一定要不断地总结SOP。SOP就是标准版流程，可以简单理解为解决各种难题的标准答案。

拿个具体的销售场景举个例子。很多时候我们会遇见这样的客户：

客户说："我考虑一下。"

你说："考虑什么呢？"

客户说："就是要和家人商量一下，明天给你答复可以吗？"

你说："好。"

客户说："过一阵子再找你，暂时先不需要了。"

这样的客户被我们称为敷衍、找借口的客户。大多数人在销售中经常会遇见这样的场景，该怎么办呢？

这时候很多业务型的老板就要撸起袖子准备亲自给员工演示了。虽然解决了问题，但久而久之你就会发现，这样的老板带团队会非常累，除了自己能力强以外，根本无法把能力复制给团队。

而真正聪明的老板在遇到问题时，会想办法从优秀员工的头脑里总结SOP，比如下面这个答案就是我在听到我们的销售冠军遇到客户说需要考虑时，给出的回复：

"孙总，其实你今天给我的这个答复，昨天晚上我就已经想到了，因为你压根儿就不知道你自身存在什么问题，你更不知道我能给你带来什么。我在咨询行业多少年了，水到底有多深，有多少割韭菜的，谁能比我更清楚？

"是，你可以图一时之快，去选择低价低质的产品，这是你的选择，我无权干预。但是一旦出现质量问题，这笔账你比谁算得都清楚，你可以不选择我，但我真的不想看到你在我的专业领域受到其他人的伤害。"

怎么样，这是不是动之以情，晓之以理的完美答案？

说实话，像这样的SOP是很费时间的，而且问题是不断在变化的，总结SOP的过程也就成了团队不断积累的过程。我们几年前就开始记录和积累了，创业是一个细致活儿，你积累得越多，优势越明显，逐渐就会形成你的壁垒。

所以，创业者或老板千万不要以出了问题，团队里的人都解决不了，唯有自己亲自出马才能解决为荣。

作为老板，你的团队才是你最伟大的作品。懂得挖掘团队的才华，提炼每个人的智慧，总结成可复制的SOP资产，你才能有钱有闲。

04

高端客户的流量获取

不做流量大V，做隐形冠军

2020年，我们公司"泽宇咨询"的账号在抖音上有155万粉丝，每条视频的播放量平均在10万左右，算是商业类目的头部账号之一。

2023年，我们在抖音上有124.8万粉丝，相比2020年，掉粉超30万，但账号的变现价值却是之前的10倍，究竟是为什么？

答案很简单：自2021年开始，我们不再被流量绑架。

过往，我们总觉得是因为自己的流量不够多，觉得是因为内容吸引的客户不够多，每个月的营收才一直不上不下。因此我们每天都在绞尽脑汁地思考，如何拍视频才能拥有更多的流量，每天都在研究模仿爆款的选题、结构、文案。所以那时候，90%的选题都是类似的：

0基础0人脉的小白，如何从0到1赚100万？

创业从0到1，你千万不要踩的5大坑

普通人逆袭的10条创业指南

……

看似追求到了极致流量，其实是把自己的定位越做越模糊。因

锁定高端客户

为抖音90%的人都是普通人，而我们服务的精准客户其实是有基础的创业者和老板。那问题就来了：当已经完成从0到1的创业者、老板看到我们的视频全是在讲小白如何从0到1时，他们是被吸引过来，还是会直接划走呢？

其实，做好流量变现的核心，一定是要让一部分人听不懂你在说什么。

也就是说，如果你的选题和内容所有人听完都感兴趣，那就说明你的选题是不合格的，因为高端客户和低端客户在乎的话题是不一样的，有基础的人和0基础的人在乎的话题也是不一样的。

同样，创业老板们在乎的商业模式、团队自运转、提升客单价、交付标准化等一系列的选题，小白客户听完第一句会一脸蒙，直接就划走了，但这才是我们要达到的目的——让非精准客户一刻都不要对我们感兴趣。

与其做个流量大V，每天有无数双眼睛盯着你的一举一动，一个小错误都会被无限放大，背负着假设行业出问题，我们第一个挨打的风险，倒不如做个隐形冠军，做个闷声发大财的创业者。

一定要打造自己的公开课

要做有钱人的生意，就要去对标世界顶级做知识付费的模范，看他们是怎么玩的。

提到教育的顶级榜样，我们耳熟能详的可能有哈佛、牛津等著名百年高等教育学府。

哈佛大学每年的学费大概是10万美元，即使这样，哈佛大学每年也会收到将近20万人的申请，最后，哈佛大学只录取不到一万人。

哈佛大学吸引生源的方式之一是通过开设开放日公开课，公开课的时间是一两天，让学生们充分地去感受和体验哈佛大学的学习和生活氛围。

我们也是这样，每个月会通过微信社群组建公开课来筛选我们的精准客户。一个有意思的问题来了：

付费能力最强的客户，是群里最活跃、最积极的客户吗？

答案是否定的。通过长期的验证，我们发现有些高端客户往往是群里最不经常"冒泡"的那群人。因为他们的时间精力有限，不

锁定高端客户

会在群里过多互动，甚至他们的头像都是那些花花草草、大山大河，看上去就是不起眼的普通人。于是**社群营销最大的难点就出现了**：如何找到冰山下的精准用户呢？

方法永远比问题多，我们的方法是借助工具，把公开课搭建在CEO驾驶舱平台上，让客户成为透明人。通过核心数据，快速筛选出那些意向很强但在群里不很积极的客户、那些本应该成交的客户。

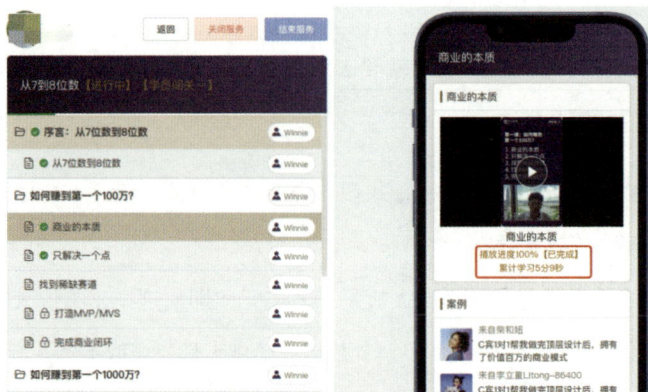

举个例子，在后台我们可以清晰地看到客户的观看时长，那我们就可以优先跟进那些看了3—5节课的客户，再去跟进那些只看了几秒的人。

公开课观看时长越久，思维越同频；

公开课观看时长越久，信任度越高。

刘津公开课3.0
天赋×财富，打造咨询师多维增长曲线
原价1999元
限价0元
想要从事咨询/知识付费事业的你，
是不是会遇到这些问题？
太辛苦 一个人要搞定所有，根本忙不过来
体力活 按小时收咨询费，收入天花板清晰可见
花费高 为提高技能要不断学习，入不敷出
变现少 难以持续变现，赚的都是辛苦钱
出现这些问题的根源在于
"不了解最顶级的咨询师商业模式"
不了解咨询师商业模式
收入不匹配付出
了解咨询师商业模式后
方向清晰
收入节节突破
越做越好
只有学习到最先进的咨询师商业模式
才能摆脱辛苦赚钱模式，活出自由丰盛
公开课亮点
公开课大纲
从0到月入百万的商业进化之旅
天赋与财富，人生必备的2大能力
咨询师商业模式，打破收入天花板
刘津
适合人群
想要为自己布局第二曲线的职场人
对咨询感兴趣但暂时0基础的人
有多年经验但变现不理想的咨询师
想要更加丰盛自由的知识付费从业者
刘津独家创业手记,2022年从0到营收百万秘籍大公开
原价1999元
扫码限时0元领课

锁定高端客户

　　一场公开课，前期需要做好激活+裂变，中期需要做好分享+铺垫，后期需要做好发售+追销。上面分享了一个我们的奢侈品全案客户案例，她营收百万的公开课海报供你学习。

高端客户都是以圈层的方式出现的

一条播放量10万的短视频，可能都很难带来一名精准的客户，如果只能选择一种方法来搭建高端客户的流量体系，我的答案是：转介绍。

转介绍体系玩得好，会比你有100万粉丝的账号都要值钱。

我们有个客户卖豪宅，他的主要盈利模式是赚佣金，出售一套一两千万的房子，可以拿到40万—50万的佣金。他报名奢侈品全案说想解决流量问题，不知道怎么吸引高端客户。

本来他计划做一个会员体系，会员费收几万块钱，我们建议他千万不要这么去做，因为这样会折损他的人脉。换一种思维，他的客户黏性会做得更好，并且转介绍体系一下就盘活了，怎么做呢？

我们建议会员体系不以收费的形式去做，而是以客户消费的金额划分等级。比如：

客户买/卖了1亿的房子，这样的客户就是黑金会员；

客户买/卖了5000万的房子，这样的客户就是白金会员；

锁定高端客户

客户买/卖了3000万的房子，这样的客户就是黄金会员。

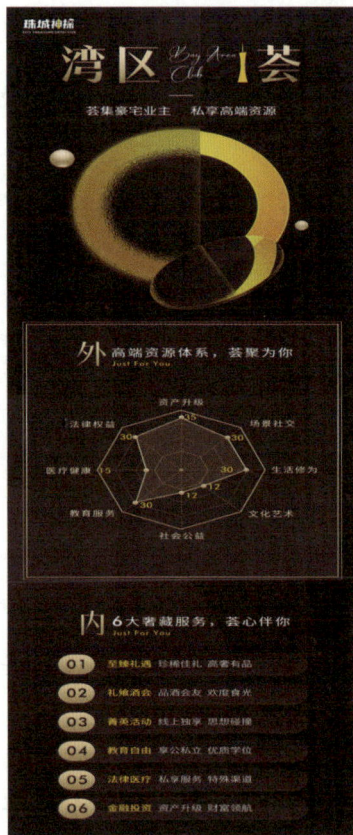

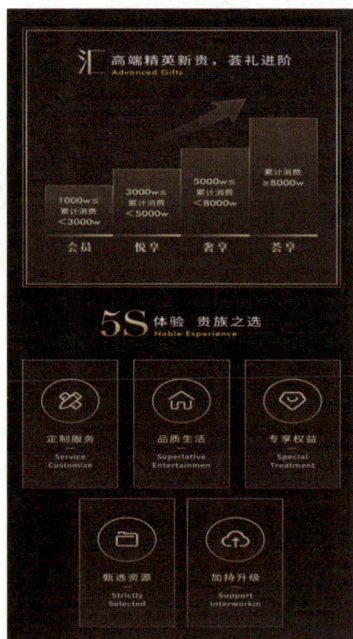

这样分成三个等级后，我们重新帮他设计会员体系，让他免费给客户提供高端社交活动，如游艇活动、赛马活动、品茶活动等，这样的活动给客户带来的是人脉连接的价值，因为花一亿元来买豪宅的客户，并不期待豪宅在5年内能涨到两亿元，他们也不差这个钱。

对于这样的客户，买一亿的豪宅就是一个高端圈层的入场券，所以要帮他们去实现圈层价值，包括社区的居住氛围、所享受的社区服务、居住品质等，而你帮助他们实现圈层价值的时候，你就会有源源不断的转介绍。

因为高端客户也可以通过你，认识更多的他们同一层级的人，甚至比他们更厉害的圈层的人，借此让他们的生活和事业发展得更好，所谓"千金买房，万金买邻"说的就是这个道理。而你在提供圈层价值时，会成为一个资源的连接者，而不是一个收会员费的中介。

所以，创业者一定要弄清楚自己真正赚钱的业务线是什么，千万不要因为可以赚一些小钱，就破坏了自己的主营业务。

最近我们还帮客户策划了一次高端品茶活动，请会员喝20世纪80年代老茶——就是价值几十万的茶饼泡的茶，活动规则是让每位会员带一个朋友来参加品茶活动。这样的活动，爱喝茶的会员想来，因为他们在这样的高端品茶活动中会喝到平时买不到的茶。同时我们给他们提供了一个可以去社交的平台，因为会员都会带朋友，转介绍一下就做起来了。想想看，能喝得起价值20万—30万茶的人，他在房子上的消费能力会差吗？

所以，高端客户都是以圈层方式出现的，转介绍做得好，永远不会缺客户。

不要等到出结果了，才让客户转介绍

很多人认为只有出结果了，客户才能转介绍。其实不是这样的，转介绍最好的时机是客户刚报名的那一刻。

比如，我们就会在客户报名那一刻，把仪式感做足，打造一张专属于他的录取通知书。

同时发给他一段非常正式的文字：

"哈喽××，作为你的内部引荐人，我还是想和你说一下咱们奢侈品联盟的使命和价值观：

首先，商业的本质一定是为这个社会解决问题，一切要围绕创造价值出发。

因为你接下来要学习的个人品牌体系效果会非常显著，我希望你在做每一个抉择和判断时，都是合

法、合规，并且是道德的。

商业技巧，将决定你飞得有多快；

而商业道德，将会决定你飞得有多远。

Stay Hungry Stay Foolish

求知若饥 虚心若愚

期待你的成长

泽宇咨询 C宾"

想象一下，当你通过一个很严格的审核，证明了自己的实力，并收到了录取通知书和一段正式恭贺话语，你会很想告诉别人你被录取了。因为这件事情自带社交属性，在客户炫耀自己成就的同时，也就轻松帮你完成了转介绍的曝光。

除了客户最开始报名的那一刻，想要把转介绍做好，一定要学会在自己的产品中设计峰值体验。

峰值体验设计做得最好的公司是迪士尼，去过迪士尼的朋友肯定都体验过排队的痛苦，但凡是好玩的项目，都需要花大量的时间排队，快乐3分钟，排队1小时，这太常见了。但为什么当孩子们提到迪士尼，眼睛里都会泛光？甚至很多成年人还会孜孜不倦地反复去迪士尼呢？

回想一下，迪士尼每次最后的闭园活动是什么？是不是都是在魔法城堡前观看烟花表演？而当你看着美丽的烟花在城堡前绽放，白天再多的劳累，是不是都抛之脑后了？

我们自己做生意也是一样的，一定要多思考哪些环节会给客户带来不一样的峰值体验。

商业咨询行业，常见的峰值体验有：

1. 客户刚通过审核的那一刻

2. 客户通过新的商业模式，变现第一单的那一刻

3. 客户通过新的商业模式，赚回学费的那一刻

4. 客户遇到公关危机，你帮他摆平后的那一刻

5. 他转介绍的客户，出结果的那一刻

……

每一次的峰值体验，都是助推客户为你转介绍的"燃料"。

05

从百万到千万的
几个阶段

怎样打造一支千万级团队

当你的公司经营不错，品牌越来越被客户认可，规模也日益扩大，这时，我发现大家普遍都遇到了以下问题。

营收卡在100万—200万，怎么都做不上去；

所有事都自己干，自己不工作就没业绩；

赚到钱之后不知道怎么花才能越花越多。

这些问题，其实在我赚到第一桶金的时候也遇到过。当时经历了一段迷茫期，假设我在一两年前，或者两三年前能够有今天的思维，我的成长速度一定会比今天快很多。其实这主要是普通创业者和企业家思维的区别，想要把公司做大做强，就要知道什么是公司发展的核心要素。

是吸引更多的流量，选择更好的定位，还是招聘更多的人才？论流量，永远不会有人觉得自己流量够多了，也不会有人觉得自己流量太多了；论定位，永远有更好的定位，也永远有比你赚钱更轻松的人。

所以，招人是公司发展的内核，要花钱买别人的时间。

比如再招10个人，你就有80小时的产出。这边跟大家讲的一个特别简单的点，很多创始人却绕不出来。在自己赚到钱之后，没有去搭建团队、搭建组织，最后，所有的事情都得自己干。

但这样你就会发现，创始人反而会成为整个公司发展最大的一个瓶颈，因为一个人的时间是有上限的。只有再去招10个甚至20个人，才会突破时间上限。

如何去招人呢？

1. 批量化招人，筛出"大鲸鱼"

因为奢侈品的商业本质是基因稀缺，不是做多，而是要做少，所以我们要学会把精力放在最能够产生价值的人和产品上。公司团队的每一个人能力都要很强，我们绝对不允许三只虾米充当一条大鱼的情况出现，我们团队每个人都得是"大鲸鱼"。

可怎么招到"大鲸鱼"呢？人太重要了，在此和大家分享面试11问，这是我们在面试人的时候经常会问的问题。

面试11问

1．**执行力**：讲述一个最能体现你执行力的故事。

2．**学习力**：讲述一次你学习新技能的过程。

3．**解题力**：你在职业生涯中遇到最大的难题是什么？你是如何解决的？

4．**认知力**：如果我找你身边的朋友问他们对你的评价，你觉得他们会怎么说？

5．**目标感**：你对自己未来的短期（2—3年）和长期（10年）规划是怎么样的？

6．**成长力**：你觉得今年和去年的自己有什么区别？上个月和这个月的自己有什么区别？

7．**抗压力**：你人生中的至暗时刻是什么？你是怎么挺过来的？

8．**领导力**：你如何通过凝聚一群人的力量，干成自己能力无法完成的事情？讲个具体事例。

9．**社交圈**：你最喜欢和什么样的人交朋友？你现在最好的朋友是什么样的？

10．**自信力**：你受到过最大的打击是什么？这件事对你的自信造成了什么样的影响？

11．**价值观**：你觉得钱能给你带来什么？可以讲一个故事来说明。

如果你问我面试11问有用吗，我会说有用；如果你问我用这11个问题真的能筛选出"大鲸鱼"吗，我的回答是不一定，这就像一个人跟初恋结婚的概率很小一样。

因为你接触过的人太少了，但凡没有批量化招人，都是招不到"大鲸鱼"的，招人没有量，质量一定不行，量变才能产生质变。

人才是筛选出来的，不是培养出来的。绝大多数老板根本不知道人才长什么样，因为没接触过，所以就容易招到没经验的人，而且会自然而然觉得员工就是要花时间精力去培养的。但这就像你要招一个司机，难道要从他考驾照开始培养吗？

要吸纳比自己更厉害的人才进入团队，招人就要招比自己技术强的，不然为什么要花钱？那怎么才能了解人才是什么样的呢？给大家介绍个特别简单的方法，那就是不管你要招什么岗位，你先到市场上开一个年薪百万的offer，再了解一下这个岗位上的人到底长什么样。

因为你要知道一点，这个人他能够拿到年薪百万，那么他绝对有一些被市场所认可的价值，我们得了解这个价值到底是什么。这就是很多老板在经营企业或者刚开始组建团队时，招来的人能力很差却分辨不出来，反而觉得市场上的人才都是这样的原因。

就像我们商业全案的客户"柯娟娟"，从营收500元到营收近10万，她在创业过程中随着业务不断扩展，也面临招人的问题，于是便开始纠结这件事。我告诉她**不是招60分的人，再将其培训到80分；而是直接招80分的人培训工作流程**。她着手招聘后，组建了一支优质团队，收入也实现了大幅增长。

2. 给"大鲸鱼"在同行里最高的薪资

招到"大鲸鱼"后，我们会给对方在同行里最高的薪资，比如每月我们给剪辑师的钱是1.5万—2万。我们给团队高薪酬的待遇，大家也都知道安排的事情必须要做好，这样管理相对会轻松很多。

也许有人会说创业早期，没那么多钱发给剪辑师怎么办？要么你有人格魅力，能吸引有能力的人追随你；要么你花时间精力，手把手地去带，照顾对方的情绪，确保他在投入产出比为正的基础上，能尽可能地帮你省一些时间。

一个人的团队很难实现太高的目标，所以你一定要有一支优质高效的团队，这样才能让你的营收提升到千万。

调动积极性，还得靠机制

很多老板在管理公司的时候，觉得创业型公司管理岗位少，员工会觉得没有发展空间，如何设计晋升机制调动团队员工积极性呢？

他们认为把员工调到管理岗，在激励员工上会有很大的帮助，但是我不建议你把这个当成激励员工的手段，因为将员工调到管理岗一定是因为他适合做管理，而不是因为他的业务能力有多强。职位数量有限，管理岗是用来激励少数特别优秀，能够承担更大责任，适合做管理的人。

那怎么做呢？

建议把岗位级别和薪资大跨度跃升联合在一起，这样在岗位级别上的提升，对每个人都会有激励。

我们把销售职位分成实习顾问、高级顾问和资深顾问。那这三个级别的顾问有什么不同呢？首先我们会考察他们的价值观、特质等各种素质，在这个标准下，我们会把实习顾问的业绩底标设置成

8万，高级顾问晋升业绩指标是300万，资深顾问晋升的业绩底标是600万。

考核部分分为业绩稳定性和价值观考核，当月业绩考核完成后，接下来两个月看员工的稳定性。连续两个月的业绩需要符合晋升级别的稳定标准，比如初级顾问的稳定标准是20万，实习顾问连续两个月达到20万以上，那么他就可以晋级到初级顾问。而初级顾问也会有一个最低的业绩指标15万。

很多公司员工的晋升可能需要半年或者一年，我们用两个月来看员工的业绩上升空间，这样就会更大地提升员工的内驱力，当然我们也会弱化资历在晋升评估中的影响。

有晋升规则，就会有降级规则。如果没有达成稳定标准，直至之后连续两个月达成稳定标准才可继续晋升。晋升后连续两个月无法达成最低标准就要降级别，直到继续完成两个月稳定标准才可以再次晋升，每次考核以完整月份进行。

比如初级顾问连续两个月没有达到15万，初级顾问就要降级到实习顾问继续考核。当这位实习顾问连续两个月完成稳定业绩的20万，他就可以再一次晋升到初级顾问。

你可以把每一级别的晋升条件和预估时间按照过往惯例计算一个平均值，做成"职业天梯"的图片，贴在公司的墙上公示。

员工看到自己所处的位置，就能清晰地计算出晋升空间，有了目标和希望，动力才会满满。

不会管理
你就是在给员工打工

很多老板的执念，就是什么事都自己干，认为招人帮忙还不如自己干。自己做10分钟搞定，招人教他得花半个小时，情绪出了问题还要安抚，最后还要给员工付薪水。

但是花钱买的是结果，我们得思考如何最高性价比获得结果。

世界级的咨询公司会把100万的市场调研工作花30万外包给印度。是自己做不了吗？不是，是外包的成本更低、更省时间、性价比更高！能找专业团队合作，就不要自己招人。

在北上广深这样的城市，如果你想招一个助理，可能一个月要花1万，并且在合同签下那一刻，就相当于一年多了12万开支。但这个月薪1万的助理能够为你创造多大的价值呢？

他可能就是帮你处理了一些杂事。

但如果你找我们给你做全案营销，相当于同时拥有了产品总监+营销总监+销售总监。如果在市面上去招三个这样的人，你一年需要花多少钱？按照最基本年薪30多万一个人算，一年大概要花100万。

你找我们相当于只需要1/10的成本，仅等于多招一个助理的钱，能够获得的价值却远超于此。如果你现在一年能做到一两百万，我们帮你提升到两三百万、三四百万是没有什么太大难度的。

那我们是怎么协调跨部门之间的合作，帮助客户达成目标的呢？

做品控流程，我们"CEO驾驶舱"把流程做成一个标准化流程。这样，不仅老板自己能去做交付，而且每一个人都可以像老板一样，保证高质量完成，并且大客户进来的时候，也可以承接得住，批量化去做交付。

因为任何东西都是可以标准化的，所以我们会帮助客户梳理出标准化流程，而驾驶舱就是让这件事情更加可视化。驾驶舱标准化流程具体是怎么做的呢？

比如下图中的服务流程，客户在不同阶段，我们会交付不同的板块，比如落地营销层面，我们会从品牌手册、销售流程、亿万发售、成交实战、基本功训练和流量升级这几个板块帮助客户梳理每个模块的不同内容。在每个模块，我们会用时间节点和检验的方式，确保所有的模块都能够落地执行并且高质量交付。

泽宇咨询

服务流程

阶段	交付板块	交付内容	工作流程	完成周期	交付人
奢侈品联盟	顶层设计	商业计划书	顶层设计 预约	2天	丽艺
			顶层设计 梳理电话	1天	C总
		顶层设计点评			学员
	检验节点：顶层设计 确认无误				
产品设计	产品设计	产品计划书	填写产品设计内容	2天	学员
			产品设计 修改+优化	2天	商业导师
			预约电话 确认产品设计	1天	商业导师
		产品设计点评			学员
	检验节点：确认产品设计 确认无误				
落地营销	品牌手册	营销升级	学习【朋友圈营销课程】【刺激咨询课程】	2天	学员
		检验节点：每天至少发一条专业朋友圈			
		营销展示图 差异展示面 朋友圈展示面	开始海报文案撰写		商业导师
		营销升级	预约电话，确认海报文案	5天	
		检验节点：营销三件套海报文案和海报设计方向确认无误			学员
		确认海报文案点评			
		个人品牌故事升级	写个人品牌故事		学员
		营销升级	设计海报	7天	商业导师
		营销升级	检验节点：营销三件套海报确认无误		
		确认海报点评			学员
		个人品牌故事升级	梳理个人品牌故事		商业导师
	销售流程		学习百万营销课程		学员
			学习亿万营销实战录音		学员
		定制销售流程	定制撰写销售流程	1天	
		模拟话术演练	预约电话 导师销售流程梳理和模拟对练	1天	商业导师
			检验节点：标准化销售流程+咨询单+预约话术+破冰话术		
		销售流程对练点评			学员
	亿万发售	新品发布会	学习【表达力课程】学习【日售百万课程】	3天	学员
			发布会规划统筹	1天	商业导师
			发布会规划统筹点评		学员
			物料准备		
			检验节点：咨询单、内容+彩排、活动海报、分享PPT、发圈文案、运营/主持话术	14天	商业导师
			正式分享、发布新品原股金福利		
			检验节点：刺激意向咨询单 直接改意向愿新金	7天	
			发布会彩排点评		学员
	成交实战	实战成交	根据预约的流程 一对一沟通和咨询单 按照亿万营销流程开始审核，一定要录音		学员
		录音拆解	提交录音 参加导师拆解答疑	7天	商业导师
			检验节点：使用亿万营销方法 语音成交		
	基本功训练	朋友圈实战	朋友圈发圈	7天	学员/商业导师
			检验节点：每天按照格式发3-5条圈		

如何去检验团队执行的情况呢？**不同模块会有相应的评价体系。**比如亿万营销项目，我们帮助老板做完标准化梳理之后，会让客户来检验过程，客户检验包括四个维度：专业能力、服务态度、响应速度和交付结果，客户可以对提供服务的导师进行评价，以此来保证服务的质量。

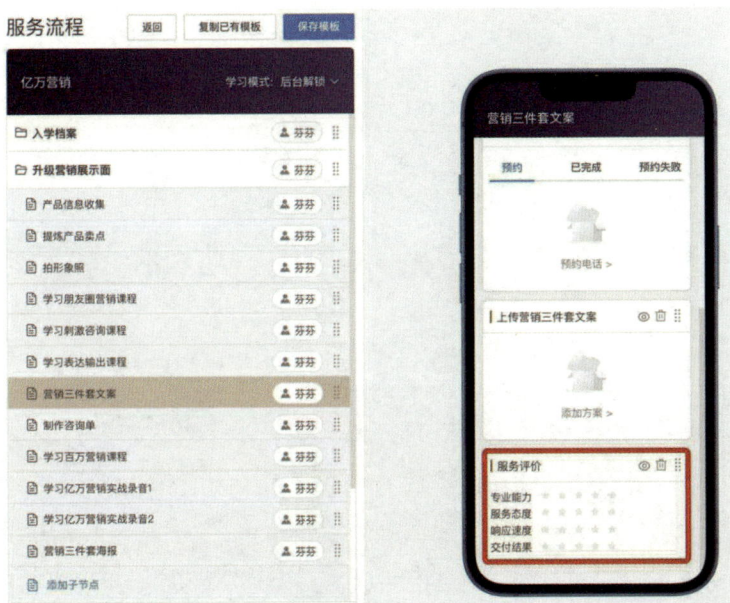

大的问题往往不是一瞬间爆发的，要在阳光灿烂的时候修屋顶，在问题还处于萌芽状态的时候，就把它根除掉。

06

千万IP和你想的
不一样

最重要的事情只有一件

我发现很多人干不成事，赚不到钱，核心原因是把80%的时间都花在了无效工作上。

今天参加一个饭局认识新朋友，明天拜访个高人求点拨，后天又找一个大佬谈合作。看似付出了巨大的努力，但真正的成就却微乎其微。

核心问题是，你连自己的目标是什么都没搞清楚，努力和坚持反而会成为你最大的灾难。

你可能想说：定目标也太简单了吧，谁还不会定个目标？

但其实95%的人定目标的方法和思路都是错的。

比如，在年营收100万之前，如果你心里从没有想过2740这个数字，那不管你学习多少方法和技巧，大概率都是卡在原地。

你可能又想说：一串数字和赚钱有什么关系？2740又是什么意思？

其实很简单，2740≈100万/365天，这就是你迈入年营收100万俱乐部每天要赚的钱。

在创业初期，2740要像烙印一样印在脑子里，每天不停重复这个数字。

我们拆分得再细一些，按照平均30%的成交率，那年营收百万的目标，不就是打造一个1万块的产品，每天吸引1个精准客户，每3天成交一个客户，就可以轻松实现的吗？

以此类推，年营收千万实际上也不过如此。打造一个10万元的产品，每天吸引1个精准客户，每3天卖出去一个，也就实现了。

没错，就是这么简单，有没有觉得当目标被拆分得足够细，目标也没有你想象的那么难？

所以，你每天的精力若能专注地花在怎么做一个足够高利润（1万—10万）的产品上，每天吸引1个客户，把自己的成交率稳定在30%，百万/千万的营收就是一个水到渠成的结果。

虽然很真实，但每个创业者一定要深刻理解，社交的本质是价值互换。你在年营收100万之前，是没有什么利用价值的。那些所谓的合作、强强联手的机会，凭什么就平白无故地砸在你的头上呢？

永远记住，创业早期90%谈合作都是浪费时间，遇到贵人最好的方法，就是让自己先配得上对方。

不以成败论高低

如果我问你：去年，你做过最佳的决策是什么？做过最差的决策是什么？

我相信你的答案大概率会是帮你赚了最多钱的决策和让你亏了很多钱的决策，是不是？

但这样的思维，其实是非常危险的，只以结果的好坏评判决策的好坏，很容易成为你营收突破的路上最大的绊脚石。

相信很多人都听过幸存者偏差的例子，讲的是在二战期间，美军统计了作战飞机的受损情况，他们发现，返航飞机各个损伤部位被击中的弹孔数不同。这些飞机发动机部位的弹孔数最少，机翼的弹孔数量最多。于是有人提出，要赶紧加固飞机机翼，因为这些部位更容易受到敌方炮火的攻击。

美国哥伦比亚大学的沃德教授立即否决了这个方案。沃德教授是一位统计学专家，他应军方要求提供相关专业建议。沃德指出，应该强化的不是机翼，而是发动机。从理论上讲，飞机各部位的中弹概率应该是相同的。发动机部位的弹孔明显偏少，只能说明：那些被击中引擎的飞机大多没有返航，反而是被击中机翼的生存率更大。

这就是幸存者偏差，**军方只看到幸存下来的飞机，却没有意识到它们只是一部分数据，不能反映飞机受损的真实情况。**

同样的例子，也经常发生在创业世界里。

很多个体户老板，在从一个人创业到组建团队的过程中，会经常抱怨：

"这么简单的问题都搞不定，有教他那工夫，我自己都已经解决好了，算了，还是自己来吧。"

"我给他付这么高薪水了，不但没帮我解决问题，还在给我制造问题，算了，还是自己来吧。"

"定目标，抓动作，给反馈……太麻烦了，算了，我不适合管团队，一个人创业挺好。"

而当你问他一共招过几个人，筛选过几份简历，面试了几个人的时候，通常就会发现得到的答案是：看了不到10份简历，面试了不到5个人，招了1个人，就判断招人组建团队的增长方式不适合他了。最终永远无法迈过从自己亲力亲为到通过别人拿结果这道坎。

而真相是组建团队招募人才这件事，本身就是一个概率游戏。谁也没法保证招的每一个人都是合适的，总会遇到面试表现得非常好，但实际工作非常不理想的人。不然你看看那些世界500强和大厂，每年都会有那么多的裁员。

人才招募一定是靠量筛选出来的，我们团队的社招留存率大概就是30%，也就是10个人招进来，最后3个人留下，7个人未达标被优化。并且这还是在我们做了无数次调整，在面试过程中增加笔试题审核专业能力，面试题中增加脑筋急转弯审核应变能力，才达到的标准。

所以，除非你是天选之人，否则招1个人就达标的概率是微乎其微的。学过统计学就能理解，如果你想以95%的概率招一位优秀的人才，那至少要筛100份简历，面试20人，最终招5个人进入团队，再优化掉其中4个，才有可能实现。不然大概率就是：招到的人能力不达标。

我们再来做道选择题：如果你是老板，会选以下哪种员工？

A. 态度好，能力差的员工

B. 态度差，能力强的员工

正确答案是：都不选。

作为老板，如果选择了其中任何一个答案，就真实反映出你目前还没有真正突破"通过别人的手拿结果"的瓶颈。一而再，再而三地妥协，只能说明一个问题，那就是你的选择太少了。

设想一下，如果你招的人足够多，能选择的人足够多，为什么不能选能力强，态度又好的员工呢？

有些思维就像一层窗户纸，可有些创业者5年、10年都无法突破，但当你突破后，就会从创业者转变成老板。

总结：创业本身就是一场概率游戏，成功失败都是常态，千万

锁定高端客户

不要只以结果的好坏来评判自己的决策质量，这就像闯了红灯安全通过，安全驾驶却出了事故一样，就算短期运气爆棚赌对了，长期也会被打回原形。我们追求的是做大概率正确的事情，而不是把每件事都做到100%正确。

听多数人的想法、少数人的建议
最后自己做决定

很多创业者特别迷恋学习，特别喜欢报课、囤课，仿佛报了一个老师的课，就能把老师头脑里的精华都完美地复制给自己，殊不知，创业早期，最忌讳的就是拜太多师傅，最后把自己学成了"四不像"。

这里不是说热爱学习有问题，而是说如果连自己所处的阶段都没搞清楚，基础的体系、商业闭环都还没建立，学再多的方法和技巧，也是无法正常运用和施展的。

我的建议是：创业早期，就拜一个师傅，就找一个老师。等建立了自己的系统后，再集百家之精华针对自己的系统查漏补缺。

其次，很多人在做决策的时候，特别容易纠结，其实也是同样的原因，总觉得选择A或选择B，都有利有弊，不知道该如何选择。而大多数人在听了不同人的不同建议后，反而更纠结了，公说公有理，婆说婆有理，到底该相信谁呢？

我曾经在大学毕业的时候也面临过相似的窘境：到底是应该先

找份工作积累几年经验，还是直接和泽宇All in（全部投入）创业？

父母会说：你应该先去华尔街，沉淀积累几年经验，再创业，成功概率更大。

连续创业者会说：肯定是先创业啊，就算失败了，你这个年龄随时可以重新再来。

姥姥姥爷说：外孙子，你应该去当公务员啊，那可是好工作。

你看，每个人都会根据自己的成长经历，给出他们认为对你最好的建议。

所以，这些答案没有绝对正确的，只有更适合自己的。

最终让我决定做创业者的，还是泽宇问我的一个问题：5年后的你，想过什么样的生活？

这些给你建议的人里面，哪些人的生活是你真正羡慕的？哪些是你绝对不想成为的？

那一刻，我心里有了答案。

最后，分享一个我和比尔·盖茨学的一个特别好用的方法。当你思路不清晰，开始纠结的时候，就把选择A、选择B、选择C背后所有的好处和风险全部写下来。写这个动作非常重要，很多头脑里想不清楚的事，写下来就清晰多了。

然后把自己当下阶段的价值观的排序优先级列出来（事业、家庭、健康……）打分，现阶段最在乎的打5分，最不在乎的打1分。

再对照着优先级的维度打分，把不同选择背后的加分项全部加起来，最后算分数的总和，你就能找到自己不会后悔的答案了。

　　总结：每个人都会告诉你什么是更好的选择，而只有你真正知道自己要什么，按自己的价值观排好序，做好优先级，写下来，很多纠结的事情就迎刃而解了。

如果熬夜加班就能赚钱
那世界首富应该是头驴

很多人非常信奉长期主义，仿佛只要长期死磕干一件事，就一定能取得成功。

在我看来，这样的人连概念都没理解透彻，就被片面的认知误导了。

说到长期主义，我想你一定能想到巴菲特，凭借一句"别人恐惧时我贪婪，别人贪婪时我恐惧"的价值投资法，巴菲特成了投资界的泰斗级人物，世界上最有名的投资人之一。

然而，你知道巴菲特真正把握市场的关键是什么吗？

资产估值的精准预测？

价值投资的精细理论？

财富报表的精密解读？

其实都不是，但凡你真正花10小时以上深度研究过巴菲特，你就会知道，真正成就巴菲特的并不是对资产价格的准确判断。如果你去除掉巴菲特生涯最好的5笔投资，他看起来就是非常普通的投资人，甚至很多年的回报还是负数。

他真正的秘诀，其实是他的无限"子弹"。

巴菲特有10多家保险公司为他供给接近于无限的现金流，以至于有些时候就算价格误判，抄底抄在了半山腰上，也有足够高的容错率，让他可以继续无限抄底，直到经济周期开始回暖，最终浮回水上。

其实，巴菲特的持仓在资本市场也都是公开的，也有很多人尝试复制和巴菲特一样的资产配置，但结果都不尽如人意，原因很简单，普通人没有无限的"子弹"，没有无限的后手可以无限抄底。

有时候向大佬学习，可行性和可复制性都是非常低的，体量不是一个级别，手上的牌也不是一副牌，这就像我们在斗地主的时候，别人出了两个王后，还有4个2，我们只有4个A，上手就直接炸，那后面不就是等死吗?

所以，说回我们开头讲的长期主义。

在我看来，真正的长期主义，是一直保持创新迭代的勇气。

拿创富这件事来举个例子，想要拥有跨越阶级的财富，一波干到财富自由，那靠的肯定就不能只是努力，一定要懂得让自己成为"风口上面的猪"，去成为时代红利下的宠儿。

2000年的煤老板

2010年的房地产

2015年的淘宝/微商

2020年的知识IP

我们相信，很多人都后悔过，如果自己10年前做了一些创业或者投资决策，那现在已经实现财富自由了。

那我问你，有没有可能10年后回顾今天，有些机会明明摆在你面前，你也因为认知不够而没有抓住？

相信我，如果你不了解财富增长的底层逻辑，那就是必然会发生的事情。

别急，这些内容今天我都会分享给你听，毕竟这本书我是要留给后代的，希望你读到这里，一定要用笔记下来。

创业的底层逻辑：找流量的重新分配。

投资的底层逻辑：找更多的潜在接盘侠。

我们先说创业，除非你是做垄断生意的，否则基本上都会遇到竞争，那抵御竞争最好的方式，一定是在一个快速增长的蛋糕中"捡钱"。

那什么叫流量的重新分配呢？

20年前，掌握流量的是电视媒体，那个时候，一条黄金档的电视广告可以卖到100万。

10年前，掌握流量的是淘宝电商，那个时候，随便一个商品上架到淘宝上，每个月都能赚个几万块钱。

5年前，掌握流量的是微信朋友圈，那个时候，一条朋友圈招募微商代理，可以赚大几十万块。

现在，掌握流量的是抖音直播，头部博主一场带货直播，就能有上亿的GMV（商品交易总额）。

人们的注意力在哪，财富的风口就在哪。

这时候，我想有些人肯定会说：尽说这些没用的，你这都是事后诸葛亮，你就告诉我下个机会或者风口是什么行不行？

我想说：具体是什么，公司/平台没人可以预测，但我知道下次风口来的时候，一定是媒介/基础技术发生改变的时候。

为什么淘宝电商火了，因为中国互联网普及了；

为什么微商火了，因为中国每个人基本都有智能手机了；

为什么抖音短视频/直播火了，因为中国4G、5G互联网普及了。

所以，我预测下一个时代创富的财富风口，会出现类似于AR/VR的虚拟现实平台，现在缺少的燃点有两个：

1. 互联网的基础带宽升级：6G，7G，甚至7G的普及是必备的，让虚拟现实可以轻松高质量地呈现。

2. 硬件设备的平民化：有一家公司，做了一款普通人都买得起的颠覆性硬件设备，而不是只有极客/富人才会买的"奢侈品玩具"。

至于投资，它更像是一个守财的工具，每个时代都会有新的一批有钱人出现。

这时，最重要的就是懂得提前占据稀缺资源，我喜欢叫它"占坑"。

一线城市（北上广深）核心板块的豪宅资产，在我看来就是非常好的守财工具。

因为当新一批的创业者踩到风口，赚到钱以后，肯定还是要先改善生活，吃喝玩乐真的花不了太多钱，最后这些钱还是会流入核心地区的豪宅资产里。

注意，这里仅限一线城市核心板块的豪宅。其他的城市除非出现真正的流量重新分配，产业重新分配，导致人口大量的流入，不然10个所谓的风口9个坑。

总结：想要成为下个时代的New Money（暴发户），一定要对基础设施的升级、硬件设施的普及极其敏感，一旦看到了机会，一定要All in（全部投入）进去，真正赚钱的就是抓住风口的那几年。至于守住财富，我们要学会"占坑"，找到未来新贵赚到钱以后会买的资产———一线城市核心板块的豪宅。

07

行业案例汇集

最后，送上一组彩蛋，这是我们做过的来自不同行业的部分客户案例。

在哈佛，学生是通过案例来学习的，哈佛大学的一位教授说："在我们看来，商业世界只有问题，没有理论。我们只提供案例，帮助大家分析，帮助大家找到想问题的感觉。至于你需要什么理论，看什么书，隔壁就是图书馆，你可以随便到那里找。"

是的，在哈佛，案例是一切的核心。

我们现在很多人以为案例中的做法就是商业界的最佳做法。其实哈佛的案例是围绕着某一个问题的企业资料汇编，有点像医院的病人病历。病历不重要，重要的是怎么做出正确的诊断。同理，哈佛的案例不重要，案例中的做法也未必是最佳的做法，教授的任务是教学生在案例的分析中找到正确的逻辑。

案例中正确的逻辑，这里面蕴含巨大的管理能量。《资治通鉴》也是这样，把古人在管理上做对的事和做错的事全部都汇集起来，变成了宝贵的案例资源库。

案例一：海娜艺术

客户姓名　吴因念

客户背景

　　东方海娜手绘师

　　全网海娜类目Top1达人

奢侈品全案升级

　　从个体绘画，到好运图腾，再到副业培训

客单价　从99元，到13800元

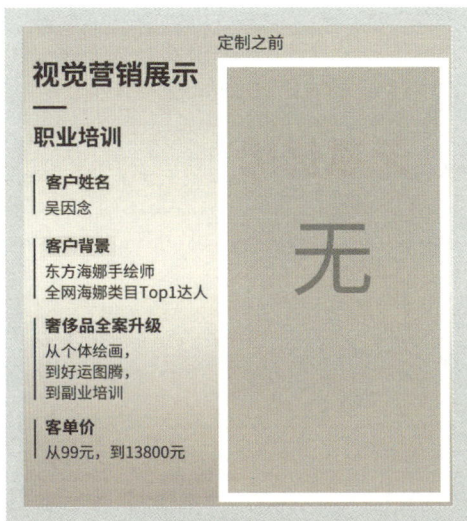

视觉营销展示

——

职业培训

客户姓名
吴因念

客户背景
东方海娜手绘师
全网海娜类目Top1达人

奢侈品全案升级
从个体绘画，
到好运图腾，
到副业培训

客单价
从99元，到13800元

定制之前

无

定制之后

营销展示面　　　　　产品差异化　　　　　品牌名片

案例二：天赋优势

客户姓名　刘津

客户背景

　　5本畅销书作家

　　从0开始线上创业

　　7个月利润百万

　　北京大学硕士

奢侈品全案升级

　　从个案咨询，到天赋教练认证

客单价　从99元，到18800元

定制之前

视觉营销展示

天赋优势

客户姓名
刘 津

客户背景
5本畅销书作家
从0开始线上创业
7个月利润百万
北京大学硕士

奢侈品全案
从个案咨询，到
天赋教练认证

客单价
从99元到18800元

定制之后

营销展示面　　　　　产品差异化　　　　　品牌名片

Cases

案例三：健康管理

客户姓名　Zoe

客户背景

PNLE国际认证高级营养教练

跨国银行10年高管

奢侈品全案升级

从健身减肥，到创业者/企业家精力管理

客单价　从199元，到19800元

定制之前

视觉营销展示

——

健康管理

客户姓名
Zoe

客户背景
PNLE国际认证高级营养教练
跨国银行10年高管

奢侈品全案升级
从健身减肥，到
创业者/企业家 精力管理

客单价
从199元，到19800元

定制之后

营销展示面

产品差异化

品牌名片

案例四：宠物行业

客户姓名　李立童

客户背景

　　"我有一朵李多多"品牌创始人

　　3大宠物上市公司合作伙伴

奢侈品全案升级

　　从宠物主播，到宠物MCN达人孵化

客单价　从0元，到100000元

视觉营销展示

—

宠物行业

客户姓名
李立童

客户背景
我有一朵李多多品牌创始人
3大宠物上市公司合作伙伴

奢侈品全案升级
从宠物主播
到宠物MCN达人孵化

客单价
从0元，到100000元

定制之前

无

定制之后

营销展示面

品牌名片

Cases

案例五：图书出版

客户姓名 晋杭

客户背景

泉州市政协委员

晋江市人大代表

福建省五四奖章获得者

4本畅销书作者

团队出版经验20年

奢侈品全案升级

从帮客户出书，到出书+营销操盘

客单价 从298000元，到398000元

定制之前

视觉营销展示
——
图书出版

客户姓名
晋杭

客户背景
泉州市政协委员
晋江市人大代表
福建省五四奖章获得者
4本畅销书作者
团队出版经验20年

著侈品全案升级
从帮客户出书
到出书+营销操盘

客单价
从298000元,到398000元

无

定制之后

营销展示面　　　　产品差异化　　　　品牌名片

案例六： 热情测试

客户姓名　梦婕

客户背景

梦婕心能量创始人

国际认证热情测试导师

美国QHHT催眠师

奢侈品全案升级

从单次热情测试，到为创业者精英人士心能量充电

客单价　从2980元，到22800元

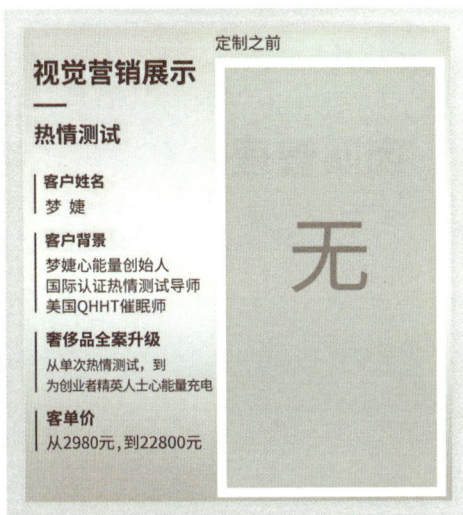

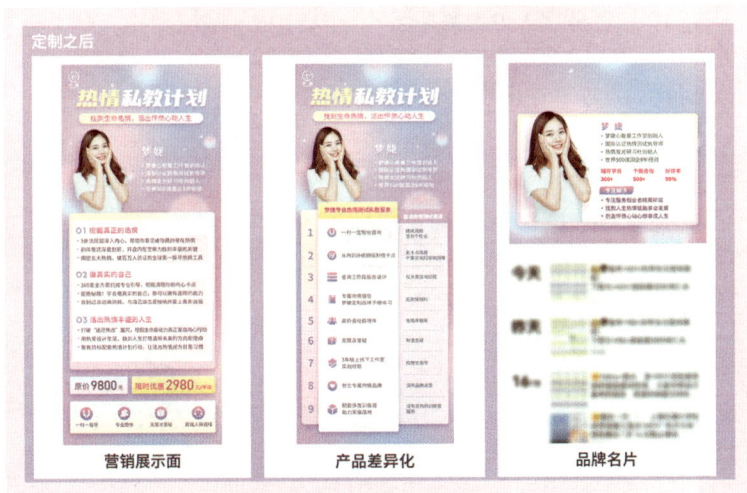

案例七：团队管理

客户姓名　　Ying姐

客户背景

　　10年+互联网人力资源高管

　　盖洛普优势教练&ICF专业教练

奢侈品全案升级

　　从青少年优势挖掘，到企业高管团队优势管理

客单价　　从500元，到11980元

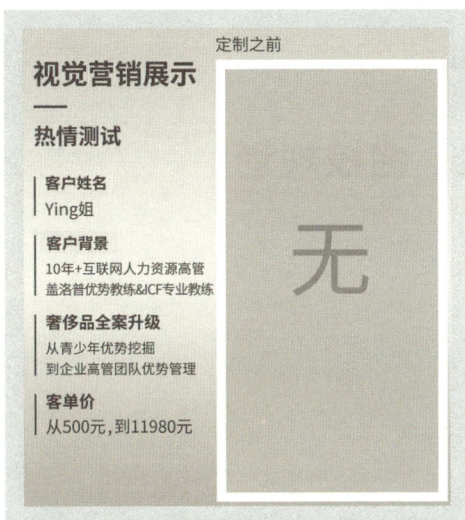

定制之前

视觉营销展示

—

热情测试

客户姓名
Ying姐

客户背景
10年+互联网人力资源高管
盖洛普优势教练&ICF专业教练

奢侈品全案升级
从青少年优势挖掘
到企业高管团队优势管理

客单价
从500元,到11980元

无

定制之后

营销展示面

产品差异化

品牌名片

案例八：名校规划

客户姓名　君悦

客户背景

　　福布斯环球联盟企业家

　　U.S.NEW世界大学排名Top50名校毕业

奢侈品全案升级

　　从家庭教育，到海外名校规划/录取

客单价　从5000元，到500000元

视觉营销展示

——

名校规划

客户姓名
君 悦

客户背景
福布斯环球联盟企业家
U.S.NEW世界大学排名
Top50名校毕业

奢侈品全案升级
从家庭教育，到
海外名校规划/录取

客单价
从5000元，到500000元

定制之前

无

定制之后

营销展示面

品牌名片

案例九：英语启蒙

客户姓名　伊森妈妈

客户背景

抖音粉丝26.7万

10年+英语启蒙经验

奢侈品全案升级

从成人英语培训，到英语启蒙

客单价　从1000元，到1980元

定制之前

视觉营销展示

英语启蒙

客户姓名
伊森妈妈

客户背景
抖音粉丝26.7万
10年+英语启蒙经验

奢侈品全案升级
从成人英语培训
到英语启蒙

客单价
从1000元，到1980元

定制之后

营销展示面　　　产品差异化　　　品牌名片

案例十：演讲表达

客户姓名　柯娟娟

客户背景

　　市作家协会会员

　　头部平台签约作者

　　10年主持演讲辩论经验

奢侈品全案升级

　　从演讲教练，到企业家公众力表达

客单价　从99元，到98000元

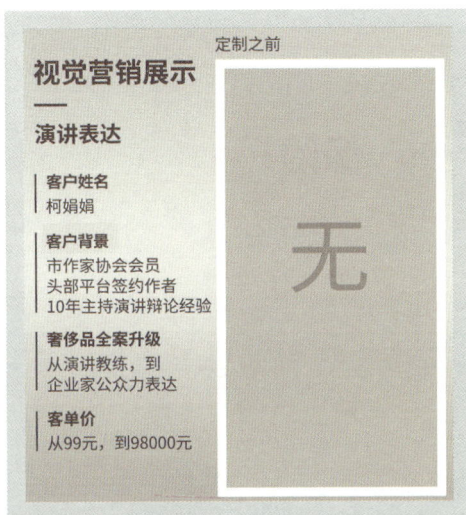

视觉营销展示

——

演讲表达

客户姓名
柯娟娟

客户背景
市作家协会会员
头部平台签约作者
10年主持演讲辩论经验

奢侈品全案升级
从演讲教练，到
企业家公众力表达

客单价
从99元，到98000元

定制之前

无

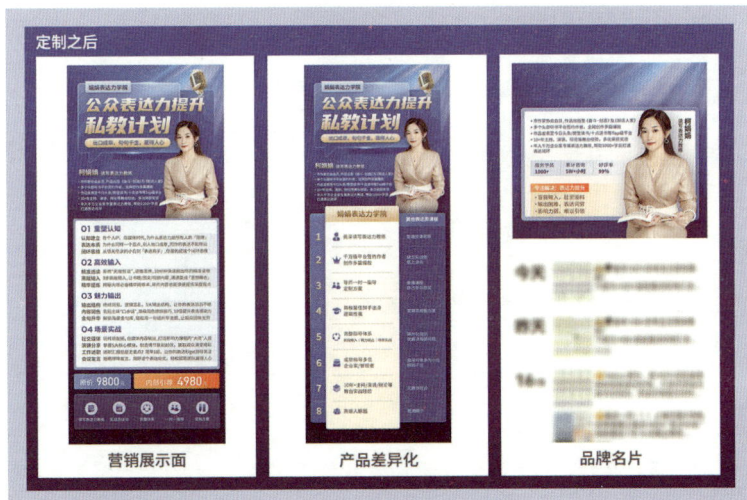

定制之后

营销展示面　　　　产品差异化　　　　品牌名片

案例十一：保险

客户姓名　艺瑾

客户背景

美国IARFC认证

世界500强Generali保险集团·特许授权讲师

奢侈品全案升级

从保险代理，到保险防坑师

客单价　从199元，到10000元

定制之前

视觉营销展示

——

保 险

客户姓名
艺 谨

客户背景
美国IARFC认证
世界500强Generali
保险集团·特许授权讲师

奢侈品全案升级
从保险代理
到保险防坑师

客单价
从199元，到10000元

无

定制之后

保险防坑课
拒绝被忽悠，买对省钱都�ठ

为什么10个人买保险
8个会提前来智险教育学习

营销展示面

产品差异化

品牌名片

Cases

案例十二：装修设计

客户姓名　李青

客户背景

青墨美学创始人

软装创业8年

奢侈品全案升级

从单体设计，到全案软装

客单价　从9.9元，到29800元

视觉营销展示

装修设计

客户姓名
李 青

客户背景
青墨美学创始人
软装创业8年

奢侈品全案升级
从单体设计，到
全案软装

客单价
从9.9元，到29800元

定制之前

无

定制之后

营销展示面

产品差异化

品牌名片

案例十三：生涯规划

客户姓名 苏姐

客户背景

北大毕业

伦敦名校LSE全奖硕士

盖洛普全球认证优势教练

奢侈品全案升级

从优势咨询，到创始人优势咨询

客单价 从99元，到16800元

定制之前
视觉营销展示
生涯规划
客户姓名
苏 姐
客户背景
北大毕业
伦敦名校LSE全奖硕士
盖洛普全球认证优势教练
奢侈品全案升级
从优势咨询，到
创始人优势咨询
客单价
从99元到16800元
优势导师计划
成为会价值变现的顶级优势教练
苏姐
第一模块 · 优势咨询 (价值2980)
第二模块 · 教练技术 (价值2980)
第三模块 · 案例拆解 (价值2980)
第四模块 · 优势培训 (价值2980)
第五模块 · 自动吸引 (价值2980)
第六模块 · 价值塑造 (价值2980)
第七模块 · 稳定变现 (价值2980)
*服务：
【优势导师计划】
限时特价5980元/年 (价值35000)

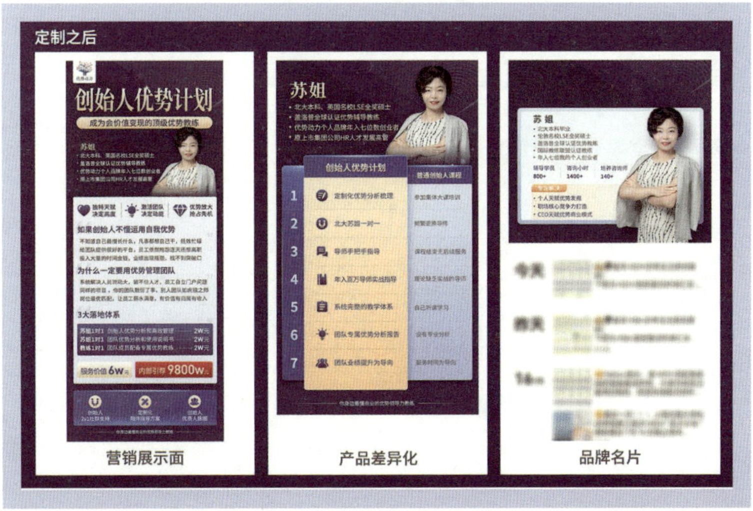
定制之后
创始人优势计划
成为会价值变现的顶级优势教练
如果创始人不懂运用自我优势
为什么一定要用优势管理团队
3大落地体系
服务价值6W元
内部引荐9800w元
营销展示面
苏姐
创始人优势计划
普通创始人课程
产品差异化
苏 姐
品牌名片

案例十四：汉字书法

客户姓名　文超

客户背景

全国硬笔书法考级优秀指导教师

天津市硬笔书法家协会会员

奢侈品全案升级

从教孩子写字，到教专注力

客单价　从1980元，到4980元

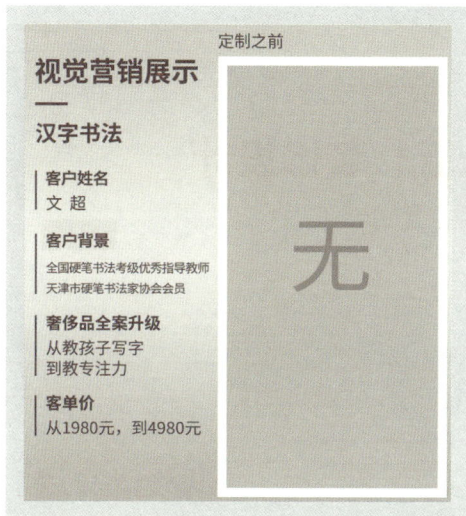

定制之前

视觉营销展示
——
汉字书法

客户姓名
文 超

客户背景
全国硬笔书法考级优秀指导教师
天津市硬笔书法家协会会员

奢侈品全案升级
从教孩子写字
到教专注力

客单价
从1980元，到4980元

无

定制之后

营销展示面

产品差异化

品牌名片

案例十五：装修设计

客户姓名　苟芳

客户背景

七卡豪宅全案设计创始人

15年设计行业从业经验

9人团队业绩年过千万

服务过400+高端豪宅客户

奢侈品全案升级

从普通设计，到豪宅设计

客单价　最高全案装修价100万

定制之前

视觉营销展示

装修设计

客户姓名
苟 芳

客户背景
七卡豪宅全案设计创始人
15年设计行业从业经验
9人团队业绩年过千万
服务超400+高端豪宅客户

奢侈品全案升级
从普通设计
到豪宅设计

客单价
最高全案装修价100万

无

定制之后

营销展示面

品牌名片

案例十六：房地产

客户姓名　相姐

客户背景

17年房产升值投资顾问

高净值客户金融服务专家

奢侈品全案升级

从房产销售，到付费资产增值咨询，再到豪宅会员体系

客单价　从0元，到19800元

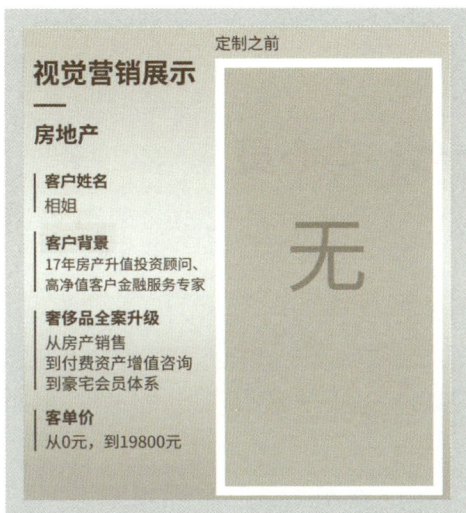

视觉营销展示

——

房地产

客户姓名
相姐

客户背景
17年房产升值投资顾问、
高净值客户金融服务专家

奢侈品全案升级
从房产销售
到付费资产增值咨询
到豪宅会员体系

客单价
从0元，到19800元

定制之前

无

定制之后

营销展示面　　　　产品差异化　　　　品牌名片

案例十七：身心灵

客户姓名　H

客户背景

量子身心灵学派创始人

英国伦敦大学学员UCL·物理博士

头部互联网大厂·技术战略专家

奢侈品全案升级

从身心灵导师，到量子身心灵视角

客单价　从99元，到7980元

视觉营销展示

—

身心灵

客户姓名
H

客户背景
量子身心灵学派创始人
英国伦敦大学学员UCL·物理博士
头部互联网大厂·技术战略专家

奢侈品全案升级
从身心灵导师
到量子身心灵视角

客单价
从99元，到7980元

定制之前

无

定制之后

营销展示面

产品差异化

品牌名片

案例十八：摄影

客户姓名　一敏

客户背景

　　广州博物馆合作摄影师

　　尼康签约师细草亲颁"摄影素养美学"证书

奢侈品全案升级

　　从线下摄影，到视觉IP放大器

客单价　从2888元，到19800元

视觉营销展示

—

摄影

客户姓名
一 敏

客户背景
广州博物馆合作摄影师、
尼康签约师细草亲颁
摄影素养美学证书

奢侈品全案升级
从线下摄影，到
视觉IP放大器

客单价
从2888元，到19800元

定制之前

无

定制之后

营销展示面

产品差异化

品牌名片

案例十九：珠宝

客户姓名　LEO

客户背景

IGI国际认证钻石鉴定师

小红书珠宝鉴定头部大V

奢侈品全案升级

从珠宝，到高端珠宝定制

客单价　从5000元，到80000元

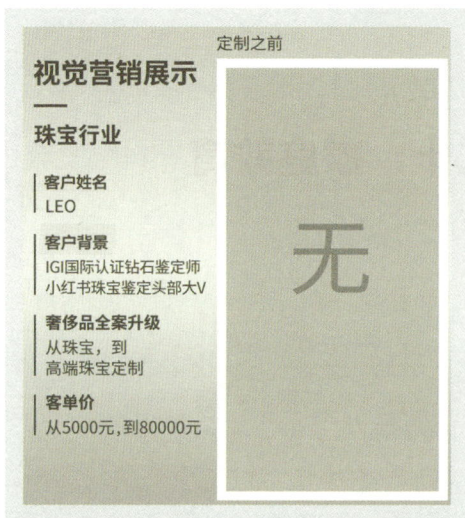

视觉营销展示

——

珠宝行业

客户姓名
LEO

客户背景
IGI国际认证钻石鉴定师
小红书珠宝鉴定头部大V

奢侈品全案升级
从珠宝，到
高端珠宝定制

客单价
从5000元,到80000元

定制之前

无

定制之后

营销展示面　　　　产品差异化　　　　品牌名片

案例二十：家庭教育

客户姓名　小董老师

客户背景

　　美国ACI认证心理咨询师

　　5年资深一线中学数学老师

　　多位上市公司老总孩子的私塾老师

奢侈品全案升级

　　从家庭教育，到考前减压

客单价　从999元，到9800元

定制之前

视觉营销展示

———

家庭教育

客户姓名
小董老师

客户背景
美国ACI认证心理咨询师
5年资深一线中学数学老师
多位上市公司老总孩子的私塾老师

著侈品全案升级
从家庭教育
到考前减压

客单价
从999元，到9800元

无

定制之后

营销展示面

产品差异化

品牌名片

案例二十一：儿童艺术

客户姓名　麦格

客户背景

全网50万粉丝

16年深耕儿童艺术启蒙行业

奢侈品全案升级

从儿童教具，到艺术启蒙

客单价　从99元，到3980元

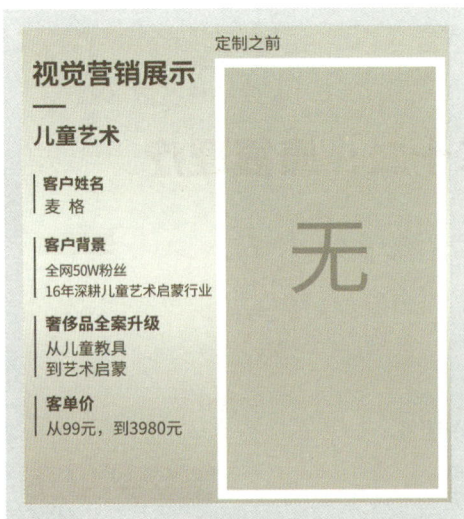

视觉营销展示
——
儿童艺术

定制之前

客户姓名
麦 格

客户背景
全网50W粉丝
16年深耕儿童艺术启蒙行业

奢侈品全案升级
从儿童教具
到艺术启蒙

客单价
从99元，到3980元

无

定制之后

营销展示面　　　产品差异化　　　品牌名片

Cases

案例二十二：康复理疗

客户姓名　李明威

客户背景

国家卫健委认证康复治疗师

奥运冠军背后的康复师

全网650万粉丝

奢侈品全案升级

从C端康复，到康复师培训

客单价　从3680元，到9800元

视觉营销展示

—

康复理疗

客户姓名
李明威

客户背景
国家卫健委认证康复治疗师
奥运冠军背后的康复师
全网650W粉丝

奢侈品全案升级
从C端康复
到康复师培训

客单价
从3680元，到9800元

定制之前

无

定制之后

营销展示面

产品差异化

品牌名片

案例二十三：备孕

客户姓名　柳芽

客户背景

帮助100＋客户备孕成功，孕产顺利

心理学助孕第一人

被动管道收入单个客户收入10万以上

奢侈品全案升级

从情感培训，到怀孕咨询

客单价　从2980元，到9800元

定制之前

视觉营销展示

——

备孕

客户姓名
柳 芽

客户背景
①帮助100＋客户备孕成功孕产顺利
②心理学助孕第一人
③被动管道收入单个客户收入10万以上

奢侈品全案升级
从情感培训到怀孕咨询

客单价
从2980元，到9800元

无

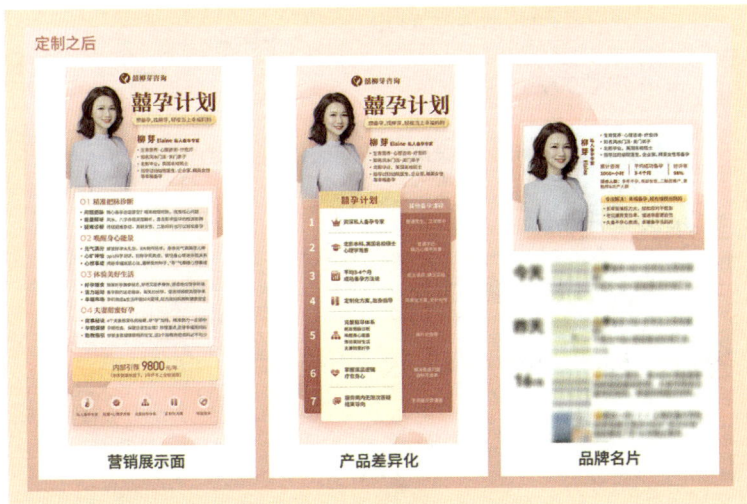

定制之后

营销展示面　　　　产品差异化　　　　品牌名片

案例二十四：招商变现

客户姓名　桐桐

客户背景

千人团队私域招商变现导师

1年实现1000万营收

被11所全球顶级名校录取，获欧盟Erasmus联合硕士offer

奢侈品全案升级

从社交电商，到招商变现

客单价　从0元，到98000元

视觉营销展示

——

招商变现

客户姓名
桐 桐

客户背景
千人团队私域招商变现导师
1年实现0-1000万营收
被11个全球top名校录取
获欧盟Erasmus联合硕士offer

奢侈品全案升级
从社交电商
到招商变现

客单价
从0元到98000元

定制之前

无

定制之后

营销展示面

产品差异化

品牌名片

案例二十五：手艺人IP

客户姓名　兰澜

客户背景

兰式鼓法创始人

手鼓艺术家

手艺人IP孵化·商业导师

央视《星光大道》等黄金节目特邀嘉宾

奢侈品全案升级

从手鼓艺术，到手艺人IP孵化

客单价　从398元，到9800元

视觉营销展示

—

手艺人IP

客户姓名
兰 澜

客户背景
兰式鼓法创始人
手鼓艺术家
手艺人IP孵化·商业导师
央视《星光大道》等
黄金节目特邀嘉宾

奢侈品全案升级
从手鼓艺术
到手艺人IP孵化

客单价
从398元，到9800元

定制之前

无

定制之后

营销展示面

产品差异化

品牌名片

案例二十六：情绪管理

客户姓名　周震老师

客户背景

好脾气国际教育创始人

喜马拉雅200万播放量签约主播

奢侈品全案升级

从家庭教育，到生命教练

客单价　从23800元，到39900元

视觉营销展示

情绪管理

客户姓名
周震老师

客户背景
好脾气国际教育创始人
喜马拉雅200w播放量签约主播

奢侈品全案升级
从家庭教育
到生命教练

客单价
从23800元,到39900元

定制之前

无

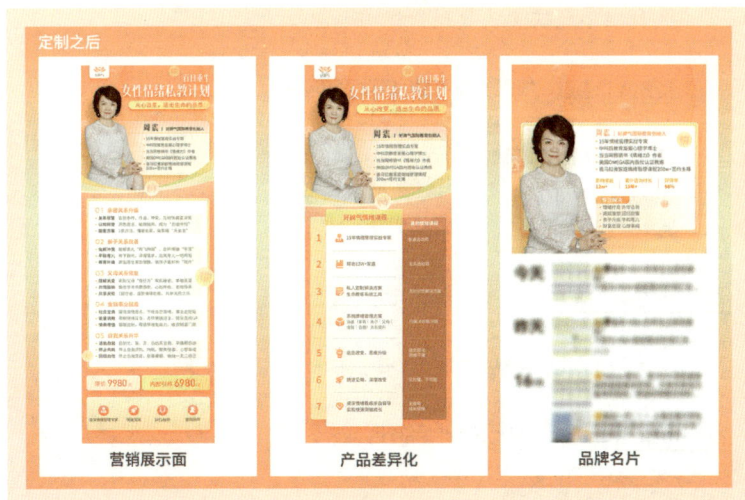

营销展示面　　　　产品差异化　　　　品牌名片

案例二十七：AI降本增效

客户姓名 Duke

客户背景

拥有14年互联网从业经验和10年管理经验

曾经打造过"好分数"线上教育网站

初创团队成功变现千万

曾任人力资源公司首席运营官

奢侈品全案升级

从家庭育儿，到AI增效教练

客单价提升 从1680元，到4980元

视觉营销展示
—
AI降本增效

客户姓名
Duke

客户背景
拥有14年互联网从业经验
10年管理经验
曾经打造过"好分数"
线上教育网站
初创团队成功变现千万
曾任人力资源公司首席运营官

奢侈品全案升级
从家庭育儿
到AI增效教练

客单价
从1680元到4980元

定制之前

无

定制之后

营销展示面　　　　产品差异化　　　　品牌名片

案例二十八：心理咨询

客户姓名　江扬帆

客户背景

深耕幸福力领域16年

服务众多上市公司和500强企业中高管

奢侈品全案升级

从心理咨询师，到幸福力教练

客单价　从2980元，到6980元

定制之前

视觉营销展示
—
心理咨询

客户姓名
江扬帆

客户背景
深耕幸福力领域16年
服务众多上市公司和
500强企业中高管

奢侈品全案升级
从心理咨询师
到幸福力教练

客单价
从2980元，到6980元

无

定制之后

营销展示面

产品差异化

品牌名片

Cases

案例二十九：生涯规划

客户姓名　星悦

客户背景

> 1000+个人经验萃取经验
>
> 14年龙头企业HR负责人
>
> 前阿里人才专家

奢侈品全案升级

> 从生涯规划师，到高客单产品萃取

客单价　从499元，到9800元

定制之前

视觉营销展示

生涯规划

客户姓名
星 悦

客户背景
1000+个人经验萃取经验
14年龙头企业HR负责人
前阿里人才专家

奢侈品全案升级
从生涯规划师，到
高客单产品萃取

客单价
从499元，到9800元

无

定制之后

营销展示面　　　产品差异化　　　品牌名片

图书在版编目（CIP）数据

锁定高端客户 / 宾卿池著. —— 北京：团结出版社，
2023.10

ISBN 978-7-5234-0611-3

Ⅰ.①锁… Ⅱ.①宾… Ⅲ.①营销管理 Ⅳ.
①F713.56

中国国家版本馆CIP数据核字(2023)第219799号

出　版：团结出版社
　　　　（北京市东城区东皇城根南街84号　邮编：100006）
电　话：（010）65228880　65244790
网　址：http://www.tjpress.com
E-mail：zb65244790@vip.163.com
经　销：全国新华书店
印　刷：河北盛世彩捷印刷有限公司
装　订：河北盛世彩捷印刷有限公司

开　本：145mm×210mm　32开
印　张：6.5
字　数：125千字
版　次：2023年10月　第1版
印　次：2023年10月　第1次印刷

书　号：978-7-5234-0611-3
定　价：59.00元